30일에 완성하는 바른 글씨 쓰기

글씨 쓰기
연습이 필요해

크레용하우스

차례

바른 글씨 쓰기는 왜 중요할까요? … 4

1장 글씨 쓰기 연습을 시작하기 전에

- ✦ 바른 글씨, 어떻게 쓸까요? … 8
- ✦ 바른 글씨 필살기를 알아볼까요? … 11
- ✦ 무엇으로 글씨 연습을 시작할까요? … 14
- ✦ 이 책은 어떻게 사용할까요? … 15
- ✦ 글씨 쓰기 기본을 익혀요 … 16
- ✦ 여러 가지 선을 그어 봐요 … 18

2장 글자 바르게 쓰기

- ✦ 순서에 맞게 모음자를 바르게 써요 … 26
- ✦ 순서에 맞게 자음자를 바르게 써요 … 30
- ✦ 글자 모양을 알고 바르게 써요 … 34

3장 계절별 낱말 따라 쓰기

- ✦ 봄 (1)학교 … 44
- ✦ 봄 (2)동물과 식물 … 48
- ✦ 봄 (3)날씨와 나들이 … 52

- ✦ 여름 (1)날씨와 음식 … 58
- ✦ 여름 (2)놀이와 생활 도구 … 62
- ✦ 여름 (3)동물과 식물 … 66
- ✦ 가을 (1)날씨와 행사 … 72
- ✦ 가을 (2)동물과 식물 … 76
- ✦ 가을 (3)추석 … 80
- ✦ 겨울 (1)동식물과 날씨 … 88
- ✦ 겨울 (2)음식과 행사 … 92
- ✦ 겨울 (3)놀이와 도구 … 96

4장 다양한 글을 써 봐요

- ✦ 동시 따라 쓰기 1 … 104
- ✦ 동시 따라 쓰기 2 … 112
- ✦ 숫자 바르게 쓰기 … 118
- ✦ 알파벳 바르게 쓰기 … 122
- ✦ 속담 바르게 쓰기 … 130

'여름에는 오이'를 다시 한번 써 봐요 … 134
교과서와 공책에 내 이름을 바르게 써 봐요 … 136

바른 글씨 쓰기는 왜 중요할까요?

누군가에게 편지를 쓰거나 누군가로부터 편지를 받아 본 적이 있나요? 편지는 받는사람에게 감동과 즐거움을 줍니다. 그 편지를 직접 손으로 적었다면 그 감동은 더 커지게 되지요. 인쇄된 글에 익숙한 현대이지만 학교나 직장 등에서 여전히 손글씨는 자주 사용되는 도구입니다. 같은 내용이라도 글씨가 보기 좋다면 글의 가치를 높여 주겠지요.

마음을 닦아요

글씨 쓰기는 마음 수양의 한 방법으로 그 중요성은 옛 선비들로부터 강조되었습니다. 선비를 판단하는 네 가지 기준을 '신언서판(身言書判)'이라고 했어요. 사람의 인격을 '몸가짐, 말씨, 글씨, 분별력'으로 판단하고자 한 것이지요. 선비들은 글씨를 바르고 정확하고 깨끗하게 쓰면 자신의 모습도 그렇게 드러난다고 보았습니다. 그래서 글자 하나하나와 낱말을 완성하기 위해 집중하고 노력하며 인내와 절제를 배워 나갔지요.

글씨를 또박또박 바르게 쓰기 위해서는 오랜 시간을 집중해야 합니다. 이러한 과정은 인내심과 집중력을 기르는 데도 도움을 준답니다. 요즘에도 글씨를 바르게 쓰는 학생들이 주변 정리도 잘하고 정돈된 생활 태도를 보여 주는 경우가 많습니다.

그뿐만 아니라 보기 좋은 글씨를 쓰는 것은 하나의 예술 활동이며, 이 과정에서 학생들은 성취감을 느끼고 미적 감각을 기르지요. 글씨를 바르고 곧게 쓰면서 균형과 조화를 이해하고, 완성된 글씨를 보며 뿌듯함과 함께 아름다움을 느낄 수 있습니다.

손가락 힘을 길러요

글씨 쓰기는 소근육을 발달시키는 대표적인 조작 활동입니다. 연필을 쥐고 글씨를 쓰는 과정은 소뇌와 운동 중추, 미세 신경을 자극해 활성화하고 균형 감각을 키워 줍니다. 그래서 글씨를 바르게 쓰는 학생들이 가위질이나 칼질, 색칠하기 등의 조작 활동 능력도 뛰어나지요. 소근육이 발달하는 시기를 놓치면 바른 글씨 형태를 잡기 힘들며 어른이 되었을 때 글씨를 교정하기가 어렵기 때문에 초등학교 때부터 느리더라도 한 글자씩 바르게 쓰는 연습이 필요합니다.

학습에도 영향을 줍니다

여러 전자 기기가 발달한 요즘에는 손글씨를 쓸 일이 별로 없을 거라고 말합니다. 단어가 나뉘지 않게 학생들은 거의 매일 손으로 글씨를 씁니다. 적어도 고등학교를 마칠 때까지요. 공부를 하면서 자신이 쓴 메모나 수업 시간에 필기한 내용을 알아보지 못한다면 복습하는 데 어려움이 생깁니다. 복잡한 수학 문제를 잘 풀어 놓고도 스스로 쓴 문제 풀이 과정을 알아보지 못하는 경우도 있고요. 게다가 글씨 쓰기 습관이 바르게 잡혀 있지 않으면 쓰는 속도가 느려져 공책 정리와 학습에도 지장을 줍니다. 최근 들어서는 서술형, 논술형 문제가 학교에서 점차 많은 비중을 차지하고 있는데 답변의 글씨 때문에 불이익을 받는 경우가 생길 수 있습니다. 글씨가 깨끗해서 알아보기 쉽고 보기 좋아야 다른 사람도 읽고 싶은 마음이 들고 그 내용을 잘 이해할 수 있겠지요.

생각하는 힘을 길러 줍니다

두뇌와 관련된 논문들에 의하면 글씨를 바르게 쓰는 것은 장기 기억 향상, 사고 기관 발달, 아이디어 떠올리는 능력의 향상과 연관이 있다고 합니다. 어떤 연구에서는 글씨를 쓸 때 뇌의 방추형이랑(fusiform gyrus)이라는 시각과 언어에 관여하는 영역이 활발해진다는 것이 밝혀졌습니다.[*] 또 다른 연구에 의하면 글씨를 바르게 쓰는 행위는 계획과 행동을 요구하며, 변동성이 높은 결과를 도출한다고 합니다. 글자마다 다른 행동들이 필요하므로 뇌가 더 자극을 받기 때문이지요.[**]

글씨 쓰기는 생각하는 방식을 배우는 과정입니다. 키보드나 터치스크린과 달리 손으로 글씨를 쓰는 과정에서 우리 뇌는 끊임없이 집중하고 단어를 조합해 냅니다. 단어를 바르게 쓰기 위해서는 자음과 모음의 정확한 조합, 그리고 글자의 위치와 크기에 집중해야 합니다. 다음 낱말을 어디서 시작해야 할지, 낱말 사이를 얼마나 띄워야 할지를 계산하고 판단하며 아이들의 생각하는 능력도 발달합니다.

---

[*] 로라 다인하트("Handwriting in early childhood education: Current research and future implications.", 플로리다 국제대학, 2015)

[**] 카린 제임스("The importance of handwriting experience on the development of the literate brain.", 인디애나 대학, 2017)

1장
글씨 연습을 시작하기 전에

바른 글씨, 어떻게 쓸까요?

글씨 쓰는 순서를 지켜야 합니다

순서에 맞게 쓰는 과정이 바른 글씨에도 영향을 줍니다. 글자의 모양을 균형 있게 쓰기 위해서지요. 필순을 지키지 않으면 각각의 글자 모양이 틀어지기 쉬우므로 필순에 맞도록 바르게 글씨를 쓰고 있는지 확인해 보아야 합니다.

글씨 쓰는 순서의 기본 원리는 다음과 같습니다.

① 위에서 아래로 씁니다.

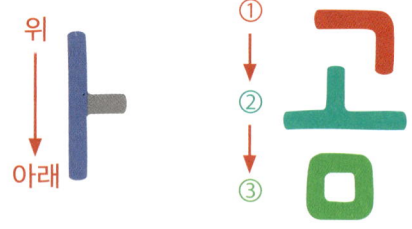

② 왼쪽에서 오른쪽으로 씁니다.

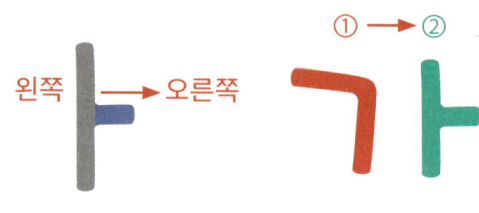

③ 동그라미 모양은 시계 반대 방향으로 씁니다.

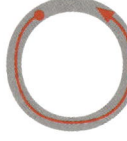

④ 받침은 맨 마지막에 씁니다.

바르게 앉아야 합니다

연필을 바르게 쥐는 것만큼 바른 자세를 유지하는 것도 중요합니다. 우리 몸의 중심이 틀어지면 글씨가 흐트러지며 쉽게 피로해져서 글씨를 오래 쓸 수 없게 됩니다.

글씨를 쓰는 바른 자세는 다음과 같습니다.

시선이 아래로 향하도록
턱을 안으로 살짝 당겨요

연필을 잡지 않는 손을
공책 위에 올려놓아요

오른손잡이의 경우
공책이 내 몸의 약간 오른쪽에
오도록 두어요.
*왼손잡이는 반대로 해요

엉덩이와 등을 의자 등받이에
붙이고 허리를 바르게 세워요

바른 자세	바르지 않은 자세

연필을 바르게 쥐어야 합니다

　연필 쥐는 방법이 바르지 않다면, 글씨가 바르지 못할 뿐 아니라 손에 무리가 가거나 힘들 수 있어요. 연필을 너무 짧게 쥐게 되면 글씨 크기가 작아져 가독성이 떨어지는 경우가 많고, 너무 멀리 쥐게 되면 글씨 모양이 휘어지기 쉬워 바르게 글씨를 쓰기가 힘듭니다.

　바르게 연필을 쥐는 방법은 그림과 같습니다.

바른 글씨 필살기를 알아볼까요?

왜 어떤 글씨는 보기 좋고, 어떤 글씨는 그렇지 않을까요? 바르지 않은 글씨에는 공통적인 특징이 있습니다. 그 특징을 정리해서 바른 글씨 필살기를 찾아냈습니다. 바른 글씨가 되는 가장 중요하고 쉬운 특징부터 차근차근 익혀 보도록 해요.

필살기 하나

글씨가 옆으로 쓰러지지 않도록 똑바로 씁니다. 획의 끄트머리에서 힘을 빼지 말고 끝까지 힘주어 쓰는 것도 중요하지요.

고치기 전

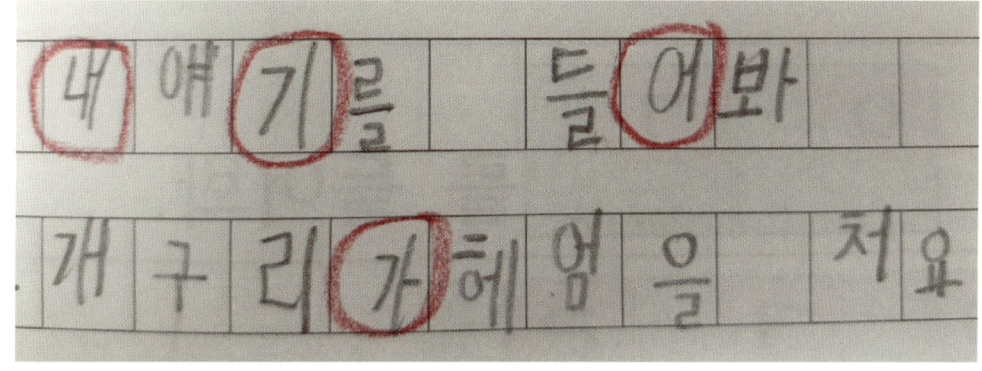

고친 후

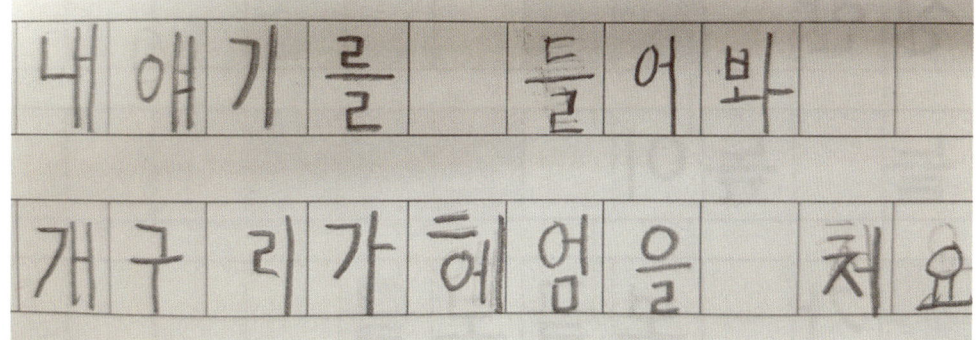

필살기 둘

글자의 모양에 맞추어 씁니다. 글자의 모양은 □△◇◁ 네 가지가 있습니다. 각각의 글자에 어울리는 모양을 생각해 보고, 글자 전체가 이 모형 안에 들어가도록 쓰세요. 더 쉬운 방법을 알려 줄까요? 바로 모든 글자의 모음을 자음보다 훨씬 길게 쓰는 것이랍니다.

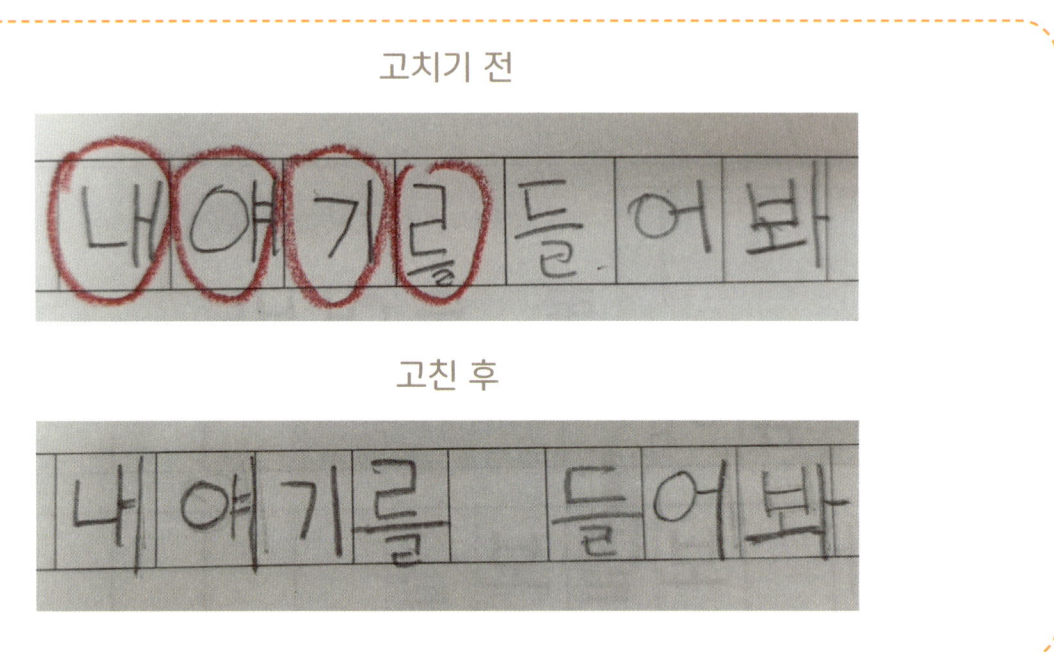

필살기 셋

맞닿는 획끼리 겹치거나 떨어지지 않도록 끝까지 써서 다른 획과 꼭 붙여 주세요. 그리고 꺾어진 부분은 둥글게 흐리지 말고 직각이 되도록 각을 살려 씁니다.

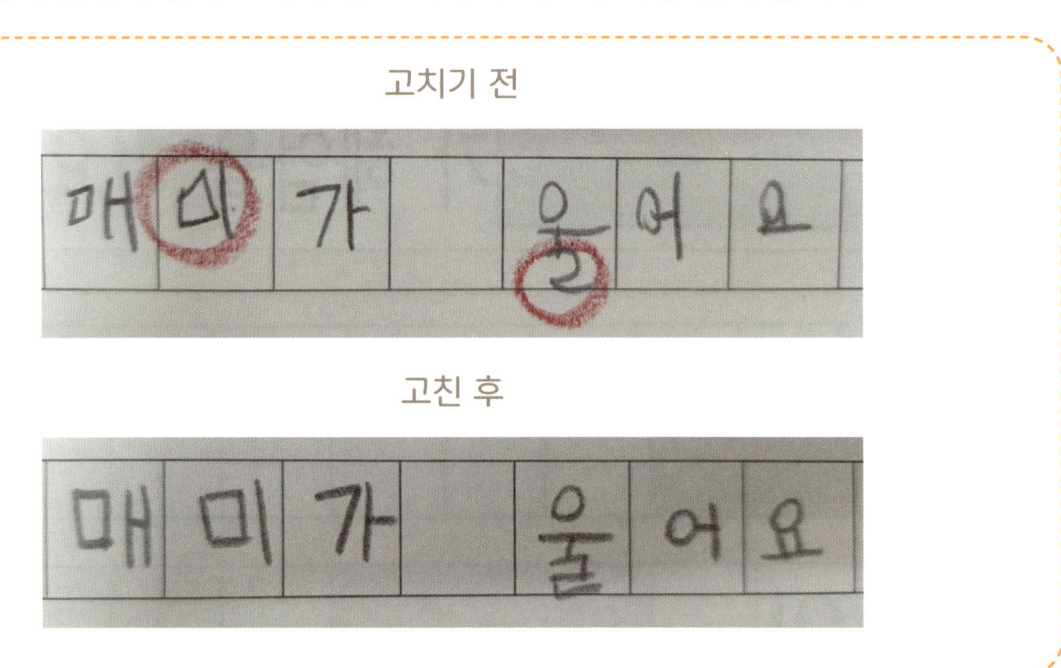

필살기 넷

글자의 크기를 일정하게 씁니다. 한 글자 한 글자를 아무리 바른 모양으로 써도 글자의 크기가 작았다 컸다 하면 전체의 균형이 흐트러져서 단정한 느낌을 주지 않거든요. 처음에는 공책의 칸에 꽉 채운다는 느낌으로 글자를 크게 쓰고 차차 작게 쓰는 연습을 합니다.

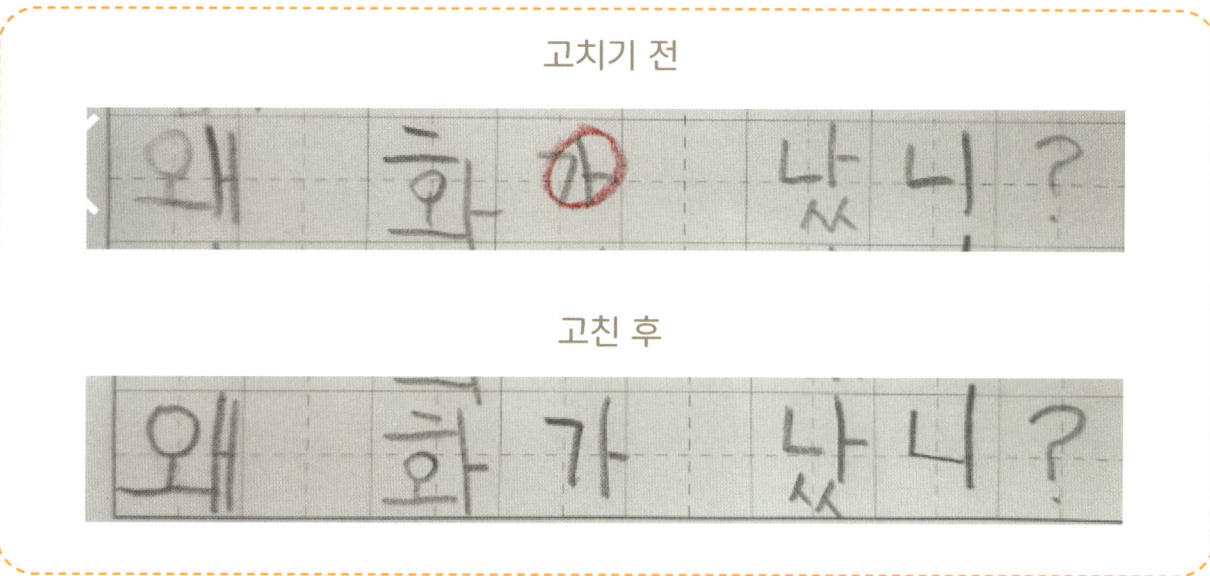

필살기 다섯

옆 글자와 높이를 맞춥니다. 글자들이 오르락내리락하지 않도록 글자를 아래로 내려서 공책의 줄에 닿도록 써 보세요.

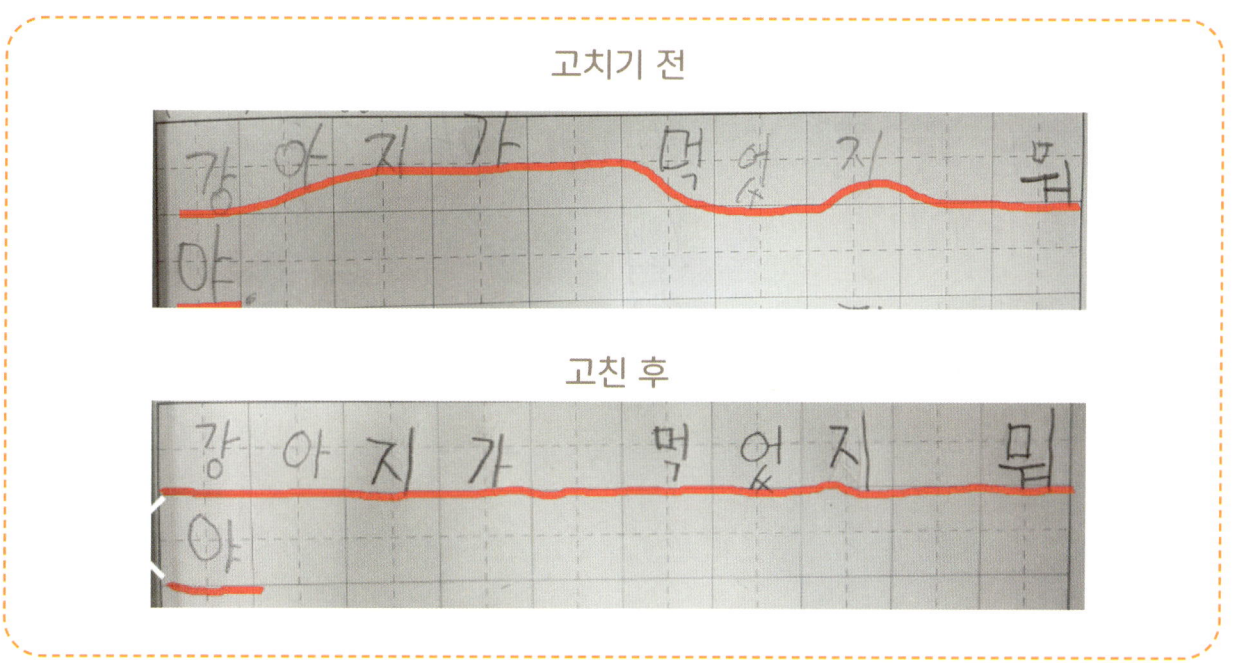

무엇으로 글씨 연습을 시작할까요?

　글씨 쓰기의 '골든 타임'은 유·초등 시기라고 할 수 있는데 이 시기의 아이들은 손과 팔 등의 소근육이 완전히 발달해 있지 않아서 어른처럼 정교한 글씨를 쓰기 어려워합니다. 따라서 필기구를 손에 쥐고 움직이는 힘을 키워 주는 것이 중요하지요. 이 힘을 기르기 위해서는 손에 쥐기 쉬우며 힘을 주지 않아도 글씨가 진하고 부드럽게 써지는 도구인 크레파스부터 시작해 보세요. 점차 굵기가 가늘어져서 작은 글씨도 쓸 수 있도록 크레파스 - 색연필 – 4B연필 – 2B연필 – HB연필 순으로 사용하는 것이 좋습니다.

- ❀ 몸통이 삼각형인 삼각 연필은 인체 공학적 설계로 연필을 잡을 때 더욱 안정적입니다. 색연필을 사용하다 연필로 넘어가기 시작하는 시기에 일반 연필보다 굵은 점보 삼각 연필을 사용하면 연필에 적응하는 데 도움이 되지요.

- ❀ 연필 교정기를 사용하면 연필을 바른 자세로 쥐는 데 도움이 됩니다.

　간혹 초등학교에서부터 샤프펜슬을 사용하는 아이들이 있는데 샤프펜슬은 힘 조절에 미숙한 경우 샤프심이 부러지기도 하고, 연필보다 글씨의 강약 조절이 어려우며 미끄럽게 써지는 편이므로 글씨 습관을 바르게 들이는 데 좋지 않은 영향을 끼칩니다.

부모님과 선생님께 이 책을 소개합니다

선 긋기부터 시 쓰기까지!
글씨를 바르게 쓰려면 고학년 학생도 반드시 거쳐야 하는 중요한 과정입니다. 여러 가지 모양의 길고 짧은 선을 내 마음대로 그을 수 있어야 글씨를 잘 쓸 수 있어요. 점선을 따라 천천히 선을 긋습니다. 선 밖으로 나간다면 지우고 다시 하세요. 속도가 느리더라도 정성껏 하면서 힘 조절을 익히는 것입니다. 글자 크기도 커다란 칸부터 시작해서 점점 작게 쓰도록 하였습니다.

글자를 정확하게 알게 됩니다!
읽기 능력과 쓰기 능력은 다릅니다. 읽을 수는 있지만 정확하게 쓰지 못하는 다양한 글자와 낱말을 직접 써 봄으로써 글자의 구성과 철자를 정확하게 익힙니다. 반복적인 쓰기 연습으로 글자를 빠르고 능숙하게 쓰게 됩니다.

교과 관련 낱말을 배웁니다!
봄, 여름, 가을, 겨울로 단원을 구성하여 1~2학년 교육 과정에서 다루는 낱말을 폭넓게 다루었습니다. 주제와 관련된 낱말, 꾸며 주는 말, 흉내 내는 말을 따라 쓰면서 풍부한 어휘력과 표현력을 기를 수 있지요. 글자를 쓰기 전에 소리 내어 여러 번 읽어 본다면 더 많은 도움이 됩니다. 문장 쓰기 단계에서는 어렵거나 의미 없는 글귀가 아니라, 또래 학생이 직접 쓴 시를 따라 쓰며 시 공부를 할 수 있도록 하였습니다.

재미있습니다!
글씨 쓰기 연습은 지루하고 힘이 듭니다. 중간중간에 숨은그림찾기, 낱말 퍼즐 등 저학년 학생들이 좋아하는 활동을 담았습니다.

아이의 속도에 맞춰 주세요!
30일 완성으로 구성하였으나 아이의 속도에 맞추어 주세요. 이 책을 30일에 끝내는 것보다 아이의 속도에 맞추어서 하루에 한 쪽이라도 정성껏 쓰는 것이 훨씬 효과적입니다. 단 글자를 쓸 때에는 글자의 모양에 주의하고, 필살기 다섯 가지를 잊지 말도록 합니다.

글씨 쓰기 기본을 익혀요

일단 한번 써 볼까요? 먼저 다음 글을 보고 빈 칸에 써 봐요. 지우지 말고 보통 때처럼 자신의 글씨로 써 봐요.

여름에는 오이

2학년 정유수

오이를 보았다
오이꽃은 노란색
오이는 초록색
오이꽃은
예쁜 오이가 될려고
생각하는데
길쭉길쭉 따끔따끔
못생긴 오이
오이는 다시
오이꽃이 되고 싶어 할까?

수고하셨습니다. 그런데 글씨를 또박또박하게 쓰기가 참 어렵지요?
이제 걱정 마세요. 글씨를 잘 쓰고 싶은데 잘 안 되는 여러분을 도와줄게요. 글씨 쓰기에도 필살기가 있거든요. 이 책에서 알려 주는 대로 잘 따라서 30일 동안 연습하면 반듯한 글씨를 쓸 수 있게 됩니다. 단 천천히 정성껏 써야 한다는 것을 잊지 마세요.

여러 가지 선을 그어 봐요

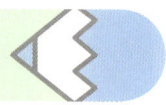

연필을 바르게 쥐고 집중해요. 선이 끊어지거나 밖으로 삐져 나가지 않게 천천히 끝까지 그려 봐요.

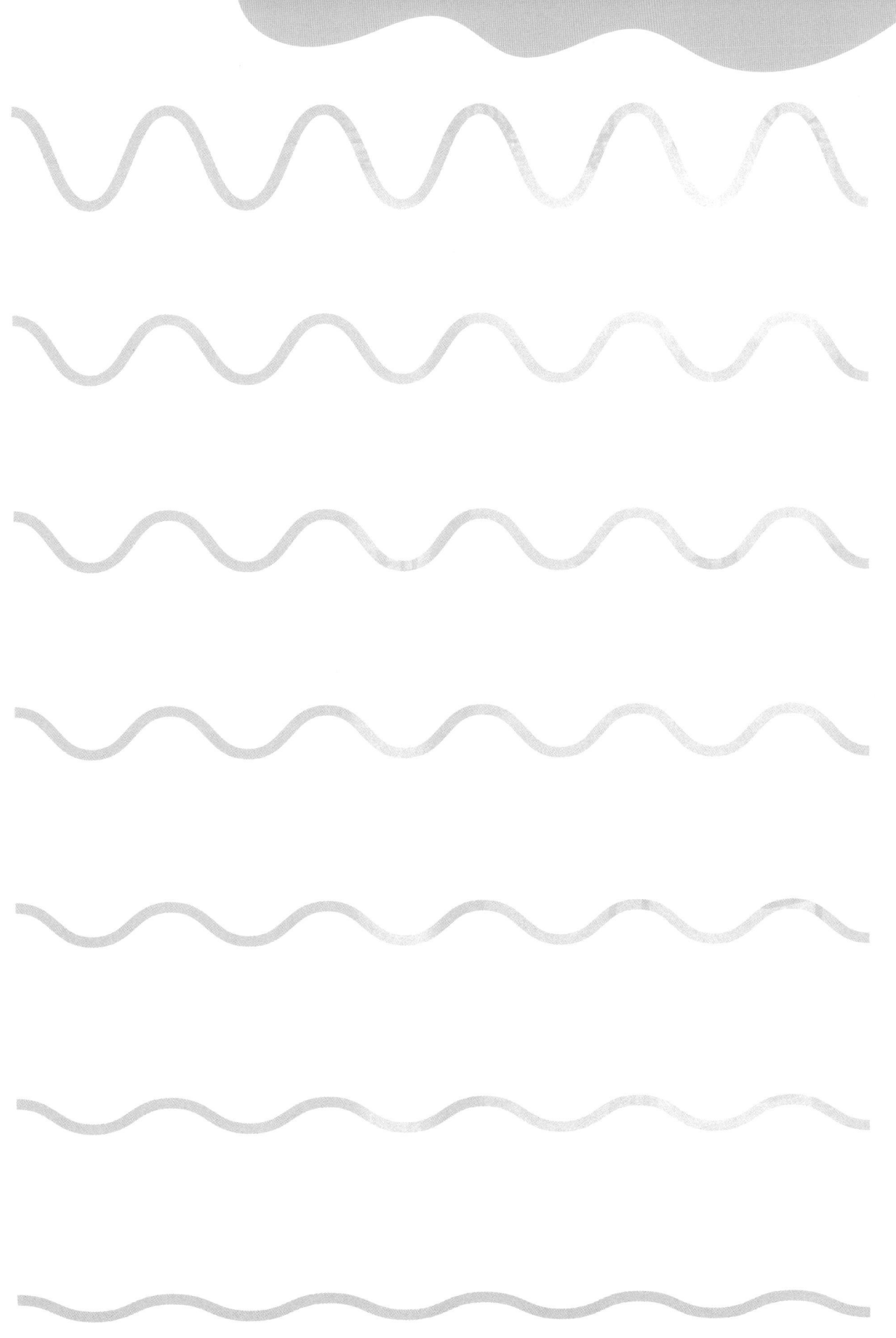

벽에 닿지 않게 미로를 따라 선을 그어 봐요

미로를 찾을 때는 연필 선이 미로에 닿지 않게 조심조심 길을 찾아갑니다

2장
글자 바르게 쓰기

글씨 쓰기 준비가 끝나면 가장 먼저 배우는 것이 낱자의 필순입니다. 필순은 바른 글씨 쓰기를 위해 항상 고려해야 하는 요소입니다. 필순에 맞춰서 천천히 바르게 쓰도록 연습하는 것이 중요합니다. 따라서 첫 번째, 필순 확인하기. 두 번째, 천천히 따라 쓰기. 세 번째, 혼자 쓰기를 하면서 반복해서 익혀 주세요.

순서에 맞게 모음자를 바르게 써요

모음은 해(·)와 땅(-), 사람(l) 을 의미하는 글자예요. 모음은 가로선과 세로선으로 이루어져 있지요. 선을 곧고 반듯하게 쓰는 것이 가장 중요해요. 천천히 순서대로 모음자를 써 보아요.

1. 위에서 아래로, 왼쪽에서 오른쪽으로 써요. 2. 가로선과 세로선을 곧고 바르게 그어요. 3. 자음보다 길게 써요.

ㅏ ①② ㅏ

ㅑ ①②③ ㅑ

ㅓ ①② ㅓ

ㅕ ①②③ ㅕ

ㅗ ①② ㅗ

ㅛ ①②③ ㅛ

색연필로 바르고 곧게 순서에 맞춰 써요.

위에서 아래로, 왼쪽에서 오른쪽으로!

🌼 그림을 보고 모음을 써서 글자를 완성해요.

순서에 맞게 모음자를 바르게 써요

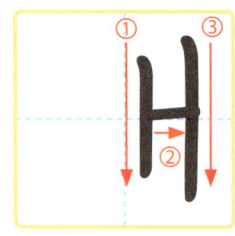    

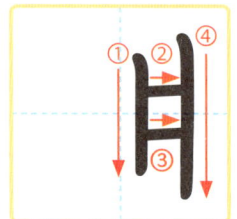    

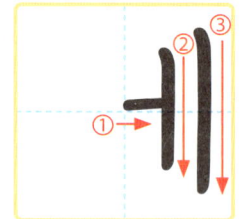    

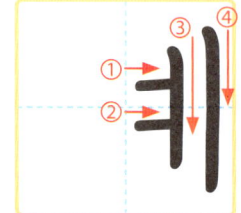    

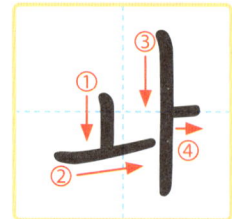    

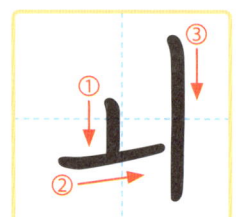    

🌸 그림을 보고 모음을 써서 글자를 완성해요.

이중 모음도 획끼리 꼭 만나게 써요!

순서에 맞게 자음자를 바르게 써요

자음은 소리가 날 때 발음 기관(목구멍, 혀, 입 모양) 모양을 본떠서 만든 글자예요. 자음을 쓸 때는 쓰는 순서를 지켜서 선과 선이 잘 맞닿도록 쓰는 것이 중요합니다. 쓰는 순서를 지켜 자음의 소리를 생각하며 써 봐요.

1. 위에서 아래로, 왼쪽에서 오른쪽으로 써요. 2. 선과 선이 잘 만나게 써요. 3. 꺾어질 때는 각을 살려서 써요.

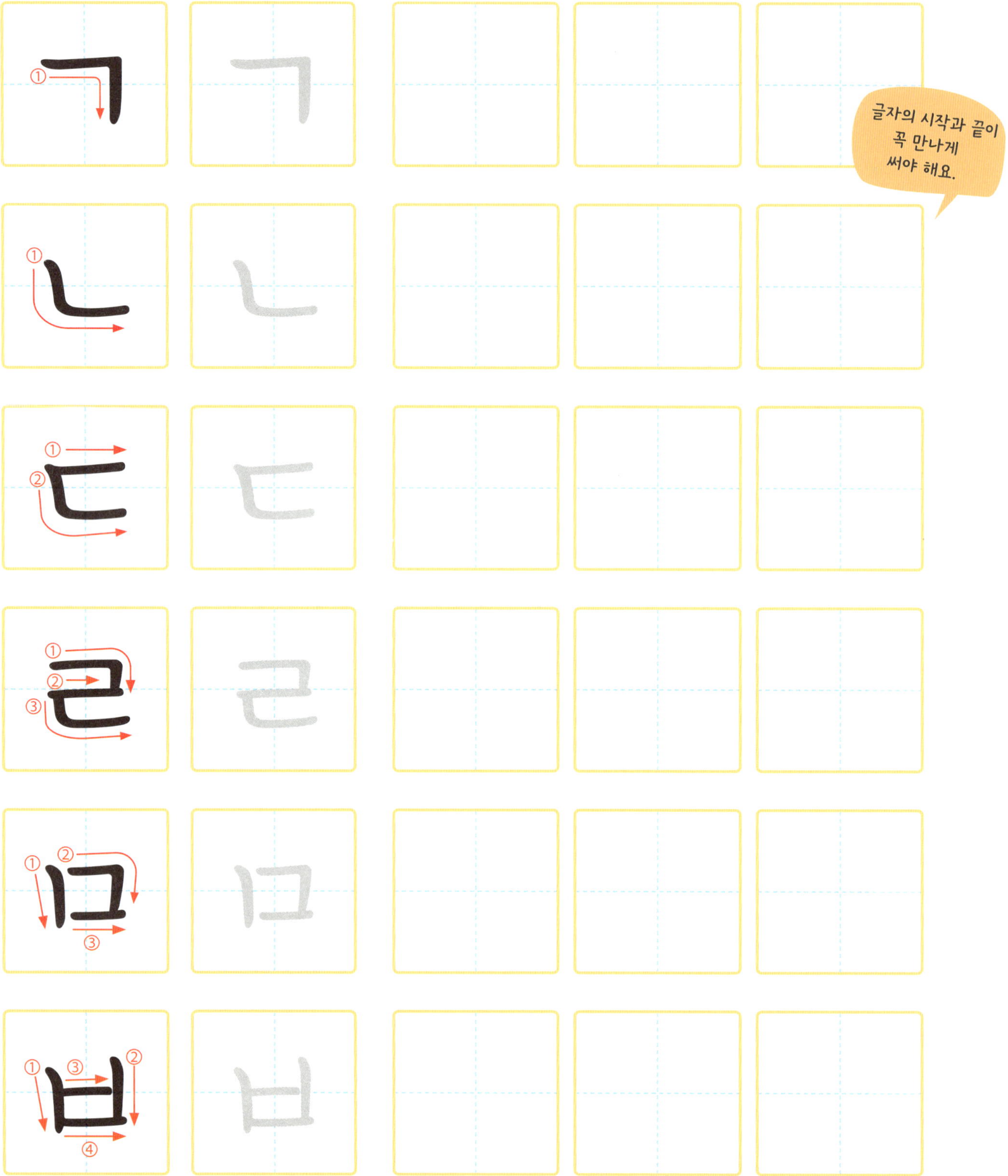

글자의 시작과 끝이 꼭 만나게 써야 해요.

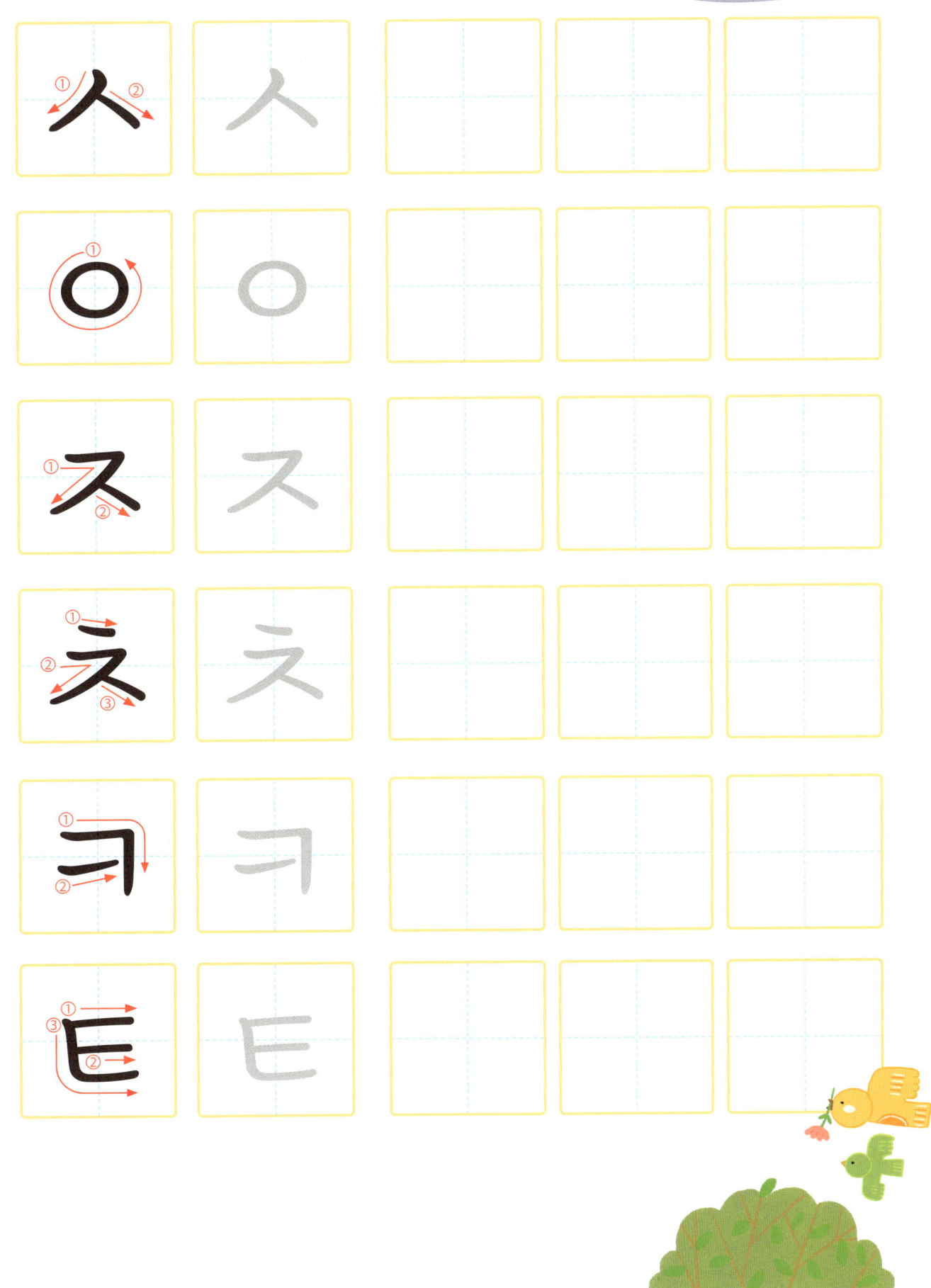

순서에 맞게 자음자를 바르게 써요

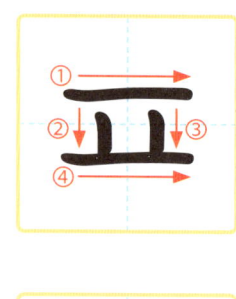 

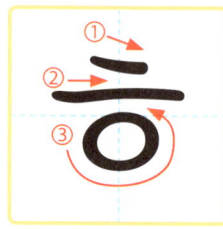 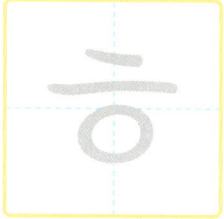

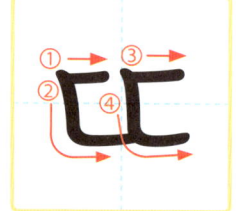 

 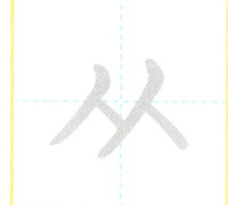

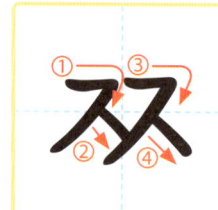 

서로 다른 두 개의 자음으로 이루어진 받침을 겹받침이라고 해요.

ㅂㅂ　ㅂㅂ

ㄹㅎ　ㄹㅎ

ㅂㅅ　ㅂㅅ

ㄴㅈ　ㄴㅈ

🌸 낱말 속에 있는 ㄱ을 찾아 ○해 보아요. ㄱ모양이 서로 다르죠?
어떻게 다른지 잘 살펴보고 모양에 주의하며 써 봐요.

자음의 위치에 따라 크기와 길이가 달라져요.

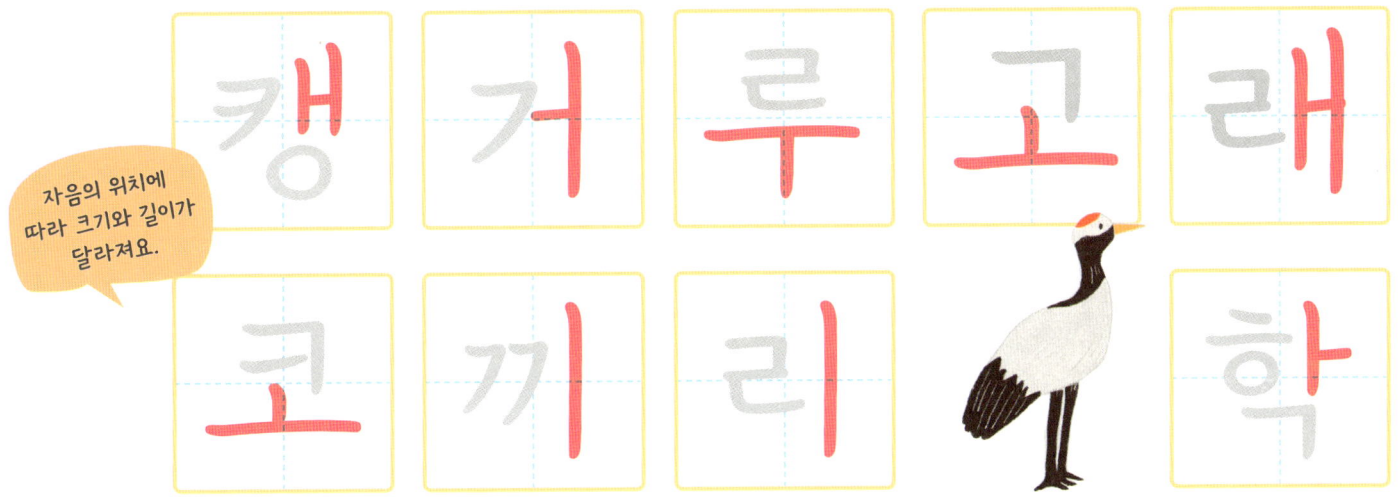

캥　거　루　고　래

코　끼　리　　학

글자 모양을 알고 바르게 써요

자음과 모음을 순서대로 쓸 줄 안다면, 이제 글자를 써 볼까요?

글자를 쓴다는 것은 자음과 모음을 결합해서 글자 형태(자형)대로 쓴다는 거예요. 낱자 쓰기의 기본이 필순이라면 글자 쓰기의 기본은 글자 형태(자형)에 맞게 쓰는 것이랍니다. 낱자의 모양, 간격, 크기를 고려해야 자형에 맞게 쓸 수 있지요. 그러면 자형에 맞게 바르고 예쁜 글자를 써 볼까요?

글자 모양		방법	
◁ 모양 기울인 세모형	자음 + 세로 모음 자음 + 이중 모음	가 너 대 왜	
△ 모양 바른 세모형	자음 + 가로 모음 "ㅗ ㅛ ㅡ" 등	노 묘 드 주	
◇ 모양 마름모형	자음 + 가로 모음 "ㅜ ㅠ" 등 자음 + 가로 모음 + 받침	우 유 구 휴 움 숨 속 흥	
□ 모양 네모형	자음 + 세로 모음 + 받침	강 먹 책 읽	

교육부(2018), 『초등학교 국어 1-1 교사용 지도서』

글자에 맞는 모양을 그려 보아요.

감 고 가 구 금

◁모양: 기울인 세모형

차 서 어 혀 티

화 뇌 돼 귀 의

△모양: 바른 세모형

| 오 | 쇼 | 초 | 르 | 노 |
| 오 | 쇼 | 초 | 르 | 노 |

| 요 | 코 | 효 | 묘 | 그 |
| 요 | 코 | 효 | 묘 | 그 |

◇ 모양: 마름모형1

    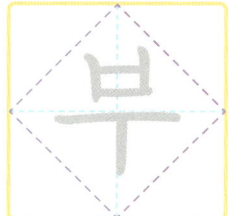

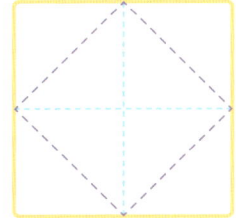 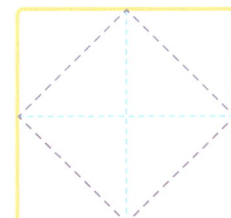 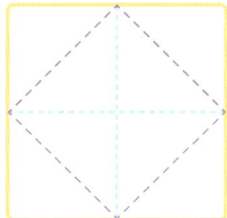 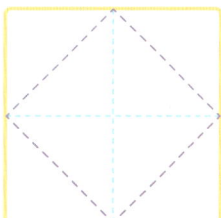 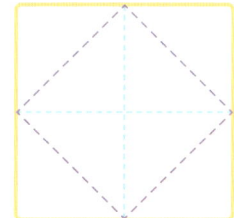

 주어진 자음과 모음으로 모양에 맞는 글자를 만들어 보세요.

ㄱ ㅅ ㄷ ㅎ ㅁ ㅇ (ㅂ)(ㅏ) ㅑ ㅐ (ㅟ) ㅔ (ㅗ) ㅜ ㅠ ㅣ

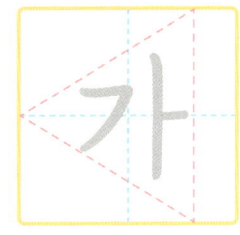 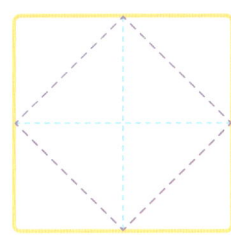 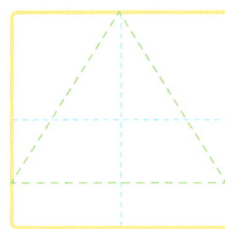 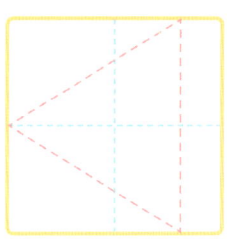 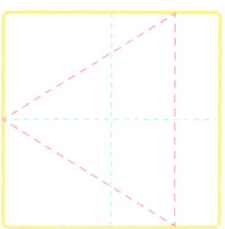

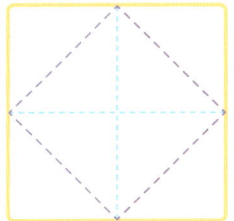 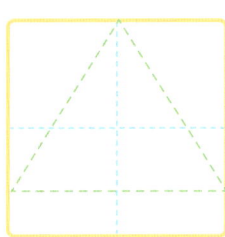 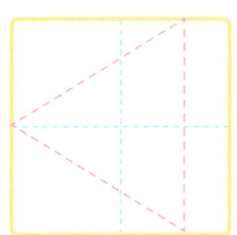 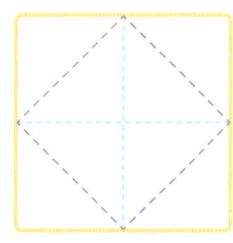 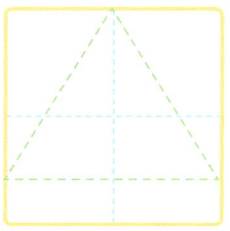

◇모양: 마름모형 2

| 곰 | 흥 | 튼 | 솔 | 죽 |

가로 모음에 받침이 생겨도 ◇모양!!

| 곰 | 흥 | 튼 | 솔 | 죽 |

| 숨 | 국 | 춥 | 꽃 | 늪 |

| 솜 | 국 | 춥 | 꽃 | 늪 |

ㅁ모양: 네모형

| 결 | 없 | 넘 | 법 | 았 |
| 결 | 없 | 넘 | 법 | 았 |

> ㅁ모양은 모두 받침이 있어요!

| 햇 | 봤 | 옛 | 뵙 | 윙 |
| 햇 | 봤 | 옛 | 뵙 | 윙 |

글자 모양에 맞게 보기에서 알맞은 낱말을 찾아 쓰세요.

보기: 집 풀 길 꽃 산 잎 달 별 숲 새 소 흙 벌 쥐

3장

계절별 낱말 따라 쓰기

봄 (1) 학교

봄은 새학기 새 친구 새 선생님을 만나고 겨우내 웅크리고 있던 동물과 식물이 깨어나는 계절이에요. 봄 낱말들을 만나면서 가족과 함께 봄나들이를 떠나 볼까요.

숨어 있는 연필 네 자루를 찾아봐요.

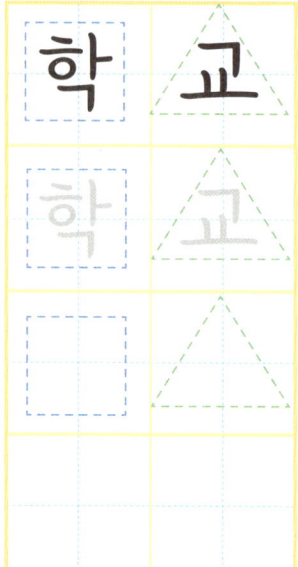
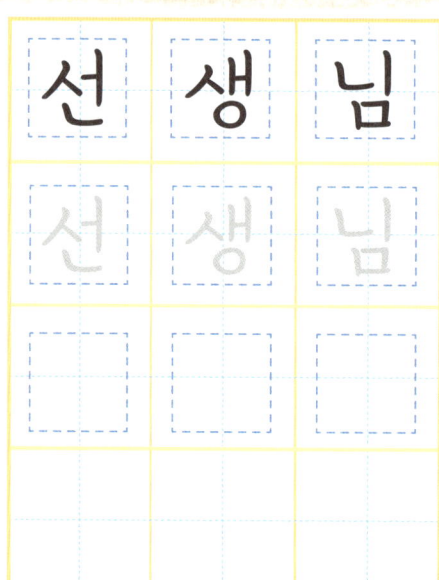
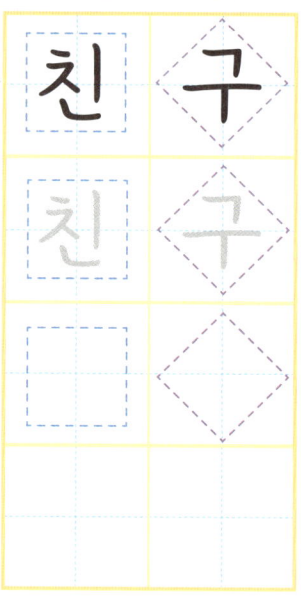

교과서 공책 실내화

필통 지우개와 연필

가위 크레파스

운동장 미끄럼틀

흔들흔들 그네 철봉

친구와 그네를 타고 놉니다.

봄 (2) 동물과 식물

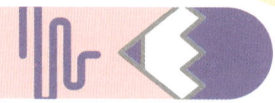

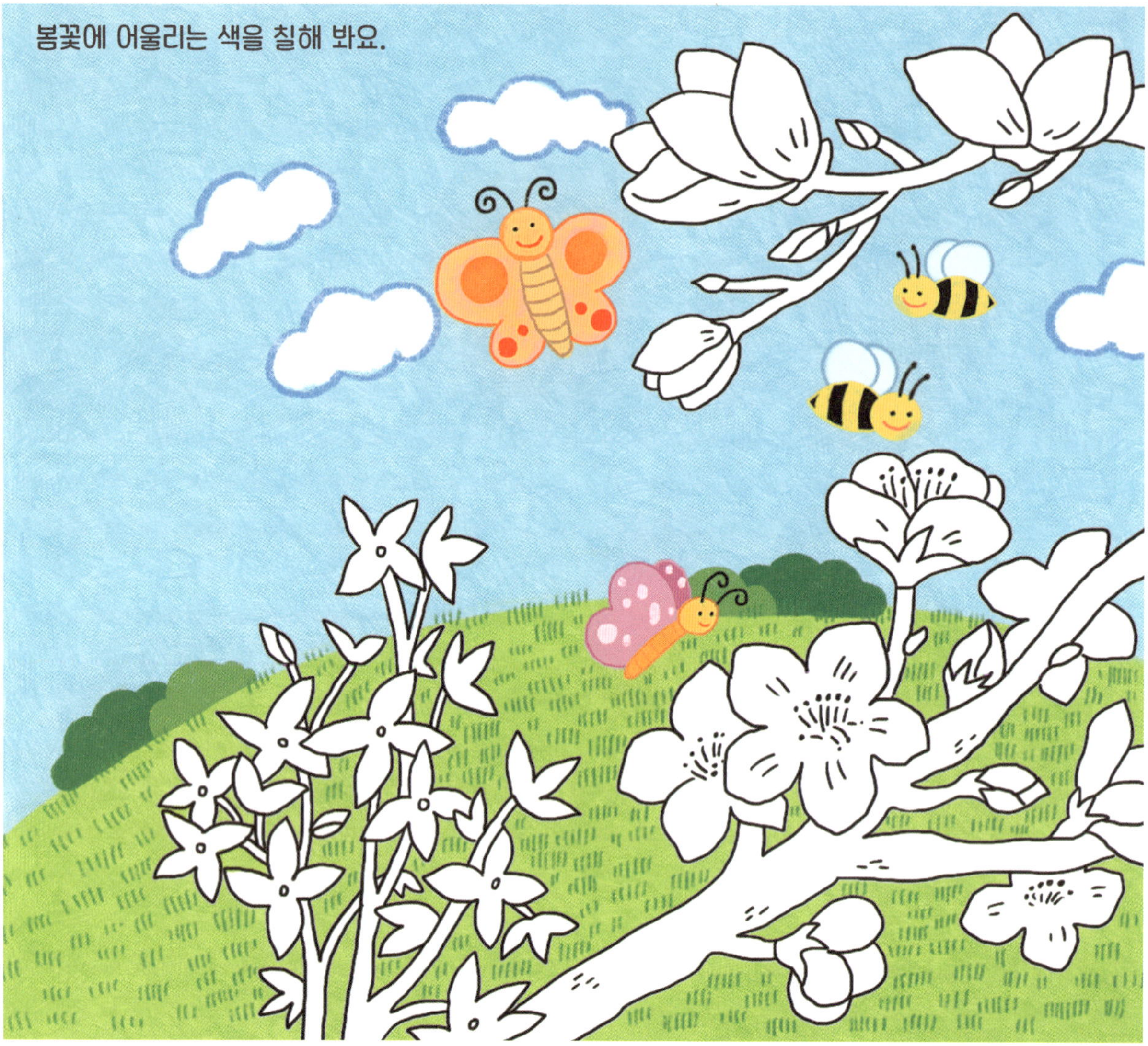
봄꽃에 어울리는 색을 칠해 봐요.

노	란	개	나	리
노	란	개	나	리

흰	목	련
흰	목	련

꼬물꼬물 올챙이

느릿느릿 달팽이

나비가 팔랑팔랑 춤을 춰요.

봄 (3) 날씨와 나들이

헤어진 다섯 명의 가족을 찾아봐요. 같은 모양의 티셔츠를 입고 있어요.

| 살 | 랑 | 살 | 랑 | 봄 | 바 | 람 |
| 살 | 랑 | 살 | 랑 | 봄 | 바 | 람 |

보슬보슬 봄비 황사

이른 봄철 날씨가 꽃이 피는 것을 시샘하듯 잠시 추워지는 현상

꽃샘추위 포근한

화창한 날 봄나들이

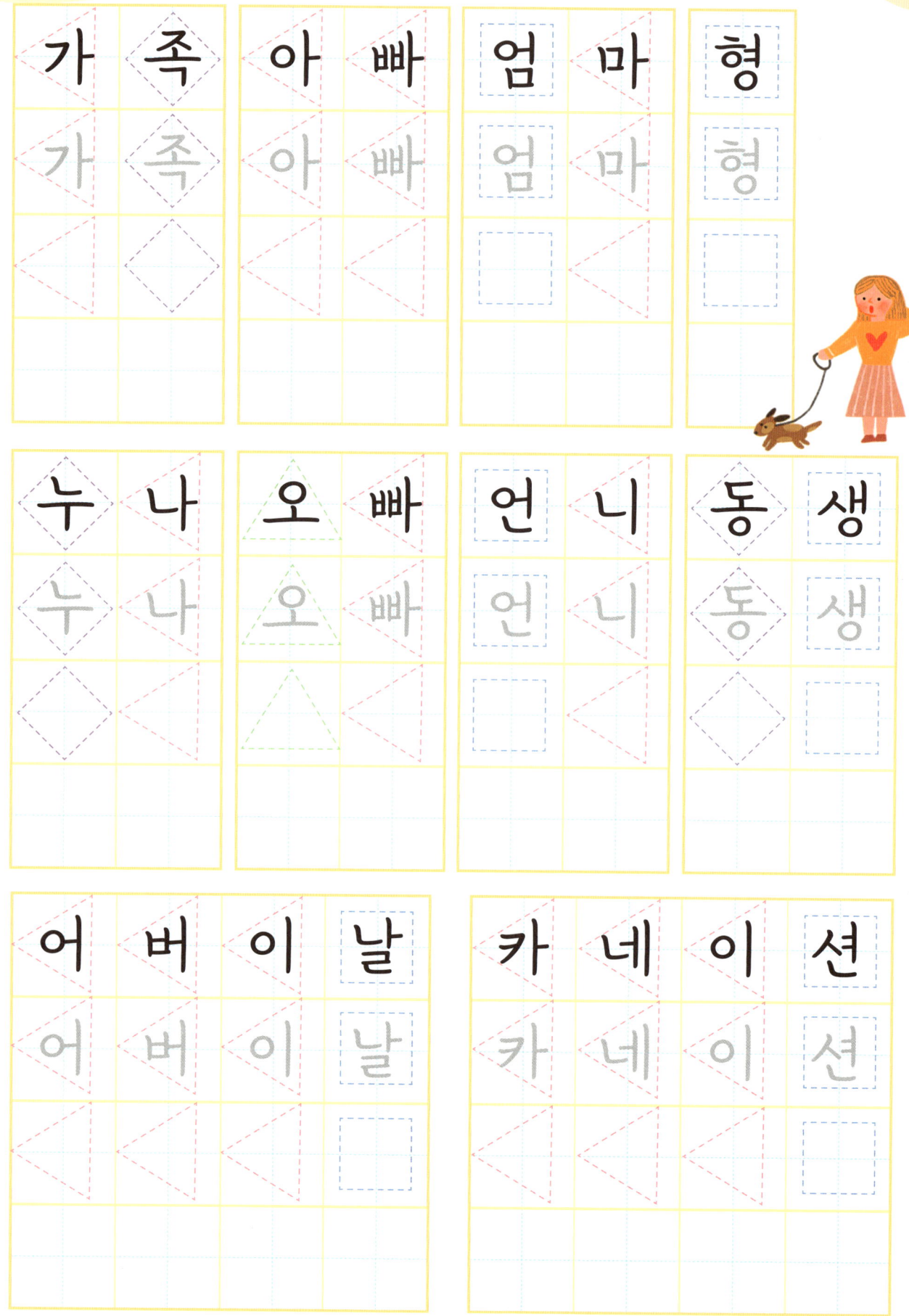

가	족	아	빠	엄	마	형

누	나	오	빠	언	니	동	생

어버이날

카네이션

신 나는 어린이날

소풍 맛있는 도시락

가족과 봄나들이를 가요.

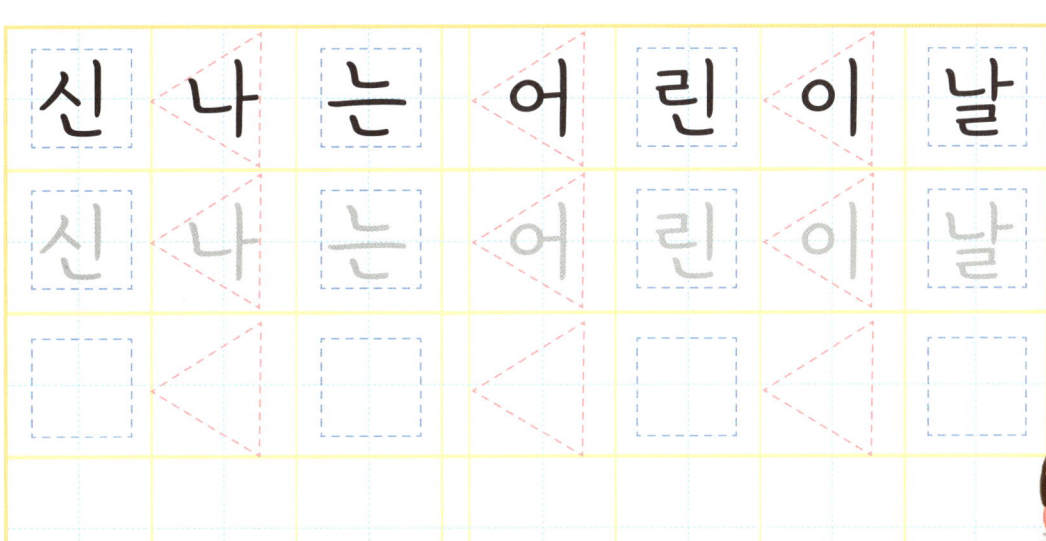

무엇이 숨어 있을까요? 보기에서 찾아 바르게 써 봐요!

보기: 바람개비, 나비, 다람쥐, 벌, 개구리

여름 (1) 날씨와 음식

덥고 습한 여름은 우리를 힘들게 하지만 많은 곤충을 볼 수 있고 과일, 채소가 많이 나요. 무엇보다 물놀이를 할 수 있는 신나는 계절이지요. 여름 친구들을 만나 볼까요.

여름 과일이 아닌 것 두 가지를 찾아봐요.

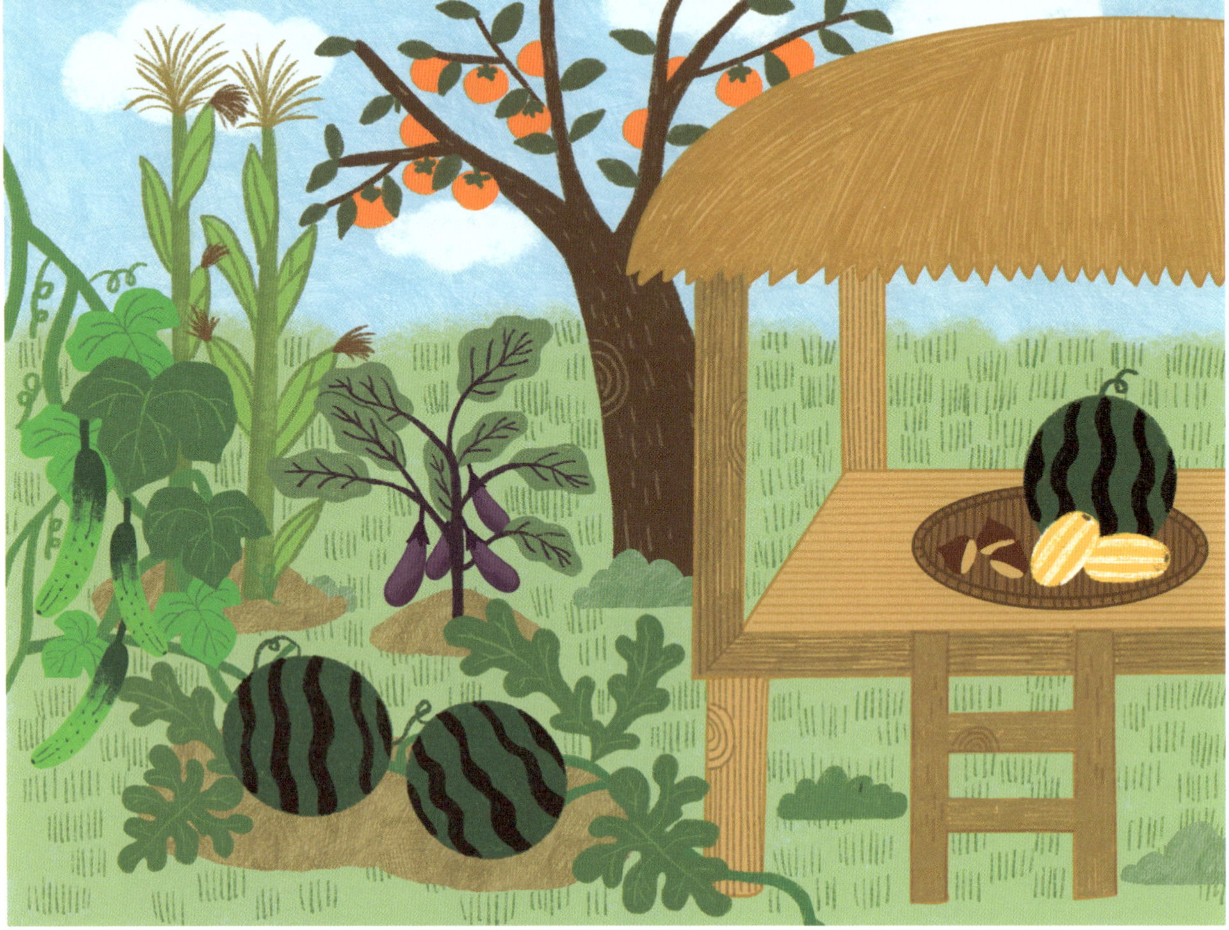

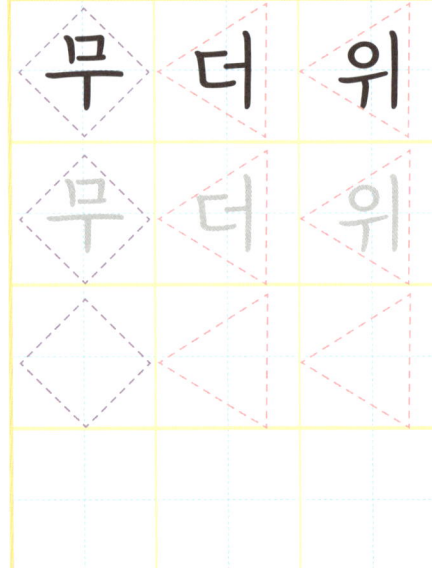

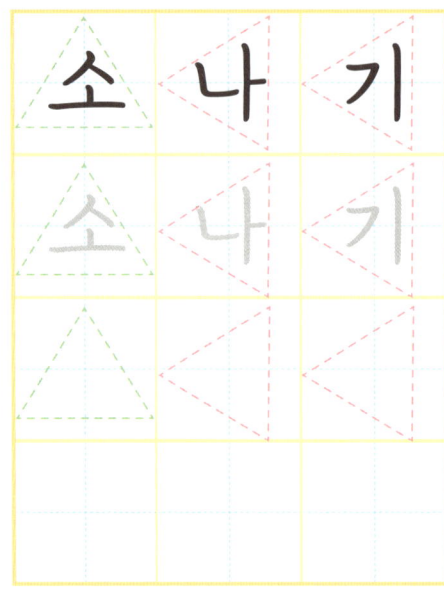

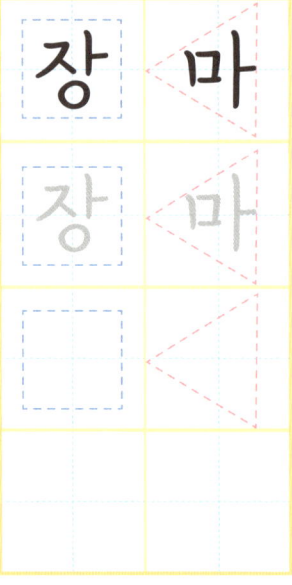

몹시 무더운 밤

커다란 수박이 쩍 쪼개집니다.

여름 (2) 놀이와 생활 도구

더운 여름에 필요한 도구 네 가지를 찾아봐요.

선	풍	기	에	어	컨	부	채
선	풍	기	에	어	컨	부	채

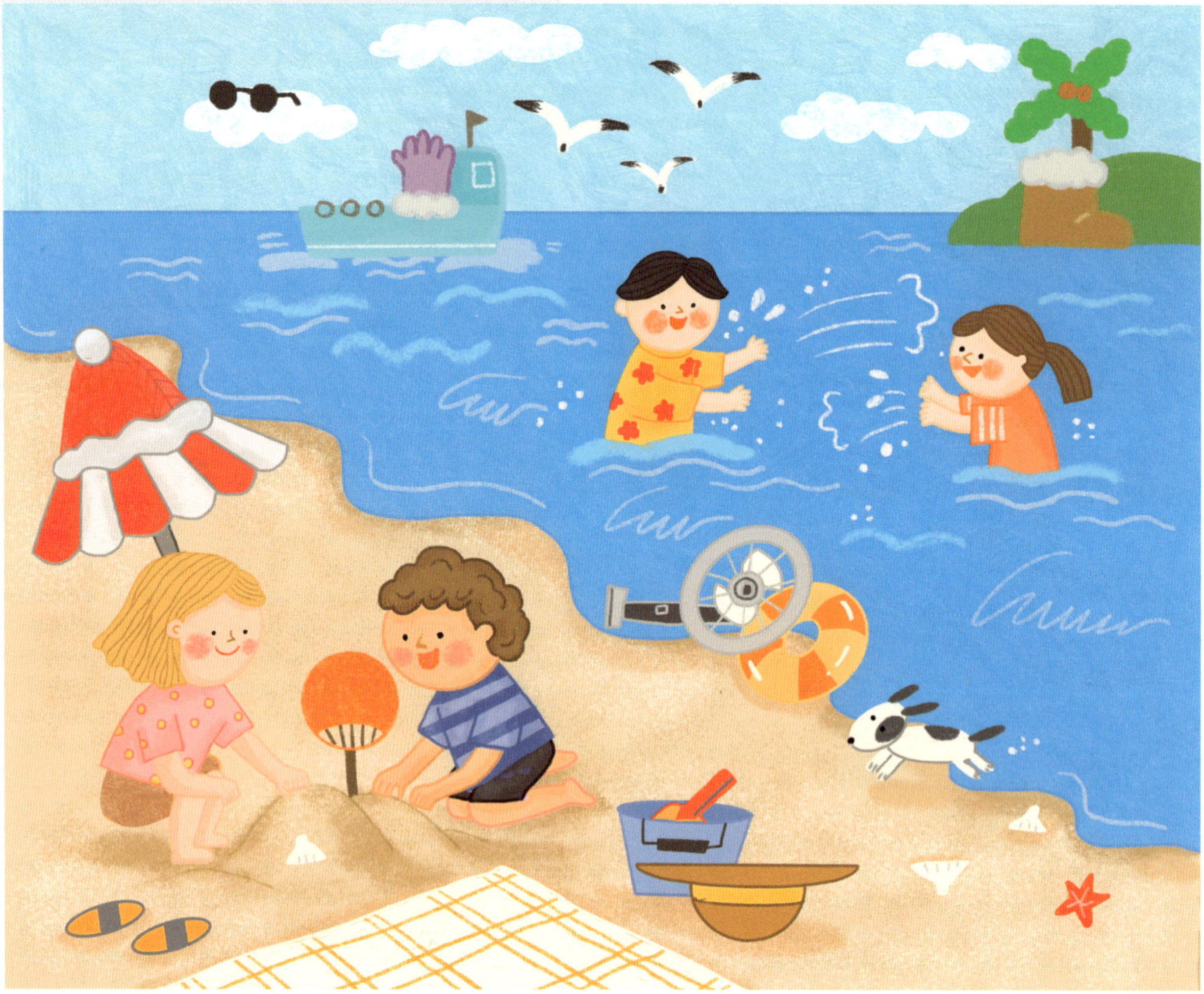

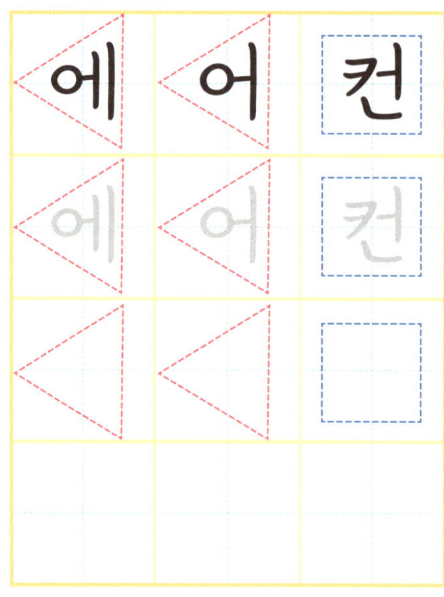

대나무로 길게 엮어 만든 물건 여름밤에 시원하게 끌어안고 잠

죽부인 반팔 반바지

샌들 선글라스 모자

습기를 없애기 위해 사용하는 기계

제습기 우비 장화

즐거운 여름방학

산 계곡 고기잡이

넓은 바다 해수욕장

모래놀이 파도타기

수영복 튜브 물놀이

그늘에서 더위를 식힙니다.

30일 완성 10일차

여름 (3) 동물과 식물

아래 두 그림에서 다른 곳을 다섯 군데 찾아봐요.

정답은 138쪽에 있습니다.

백합과에 속하는 식물

봉숭아 나팔꽃

대롱대롱 금낭화

가시가 따끔 장미꽃

다슬기 물방개 우렁

다슬기 물방개 우렁

모기가 앵앵

모기가 앵앵

검은 날개 물잠자리

검은 날개 물잠자리

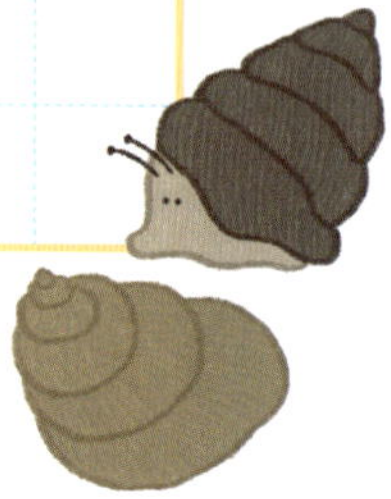

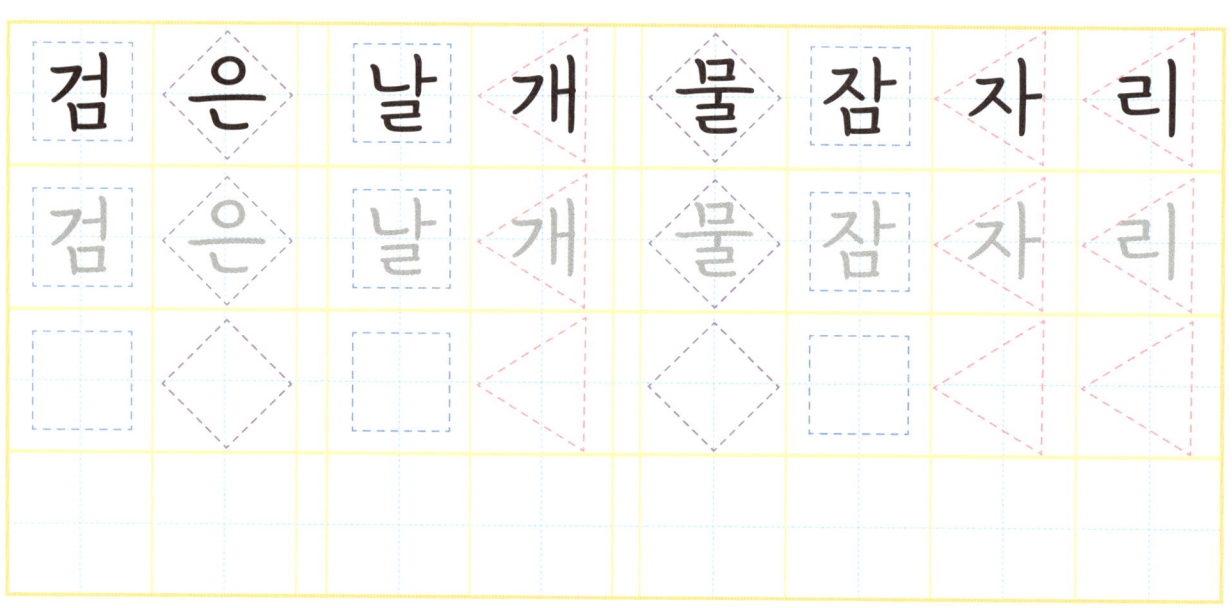

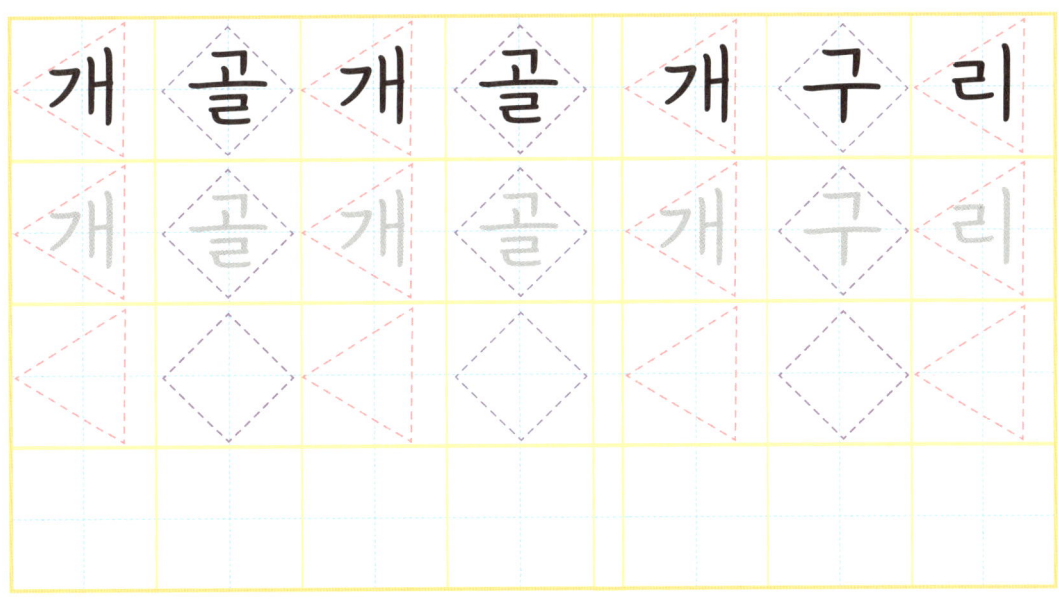

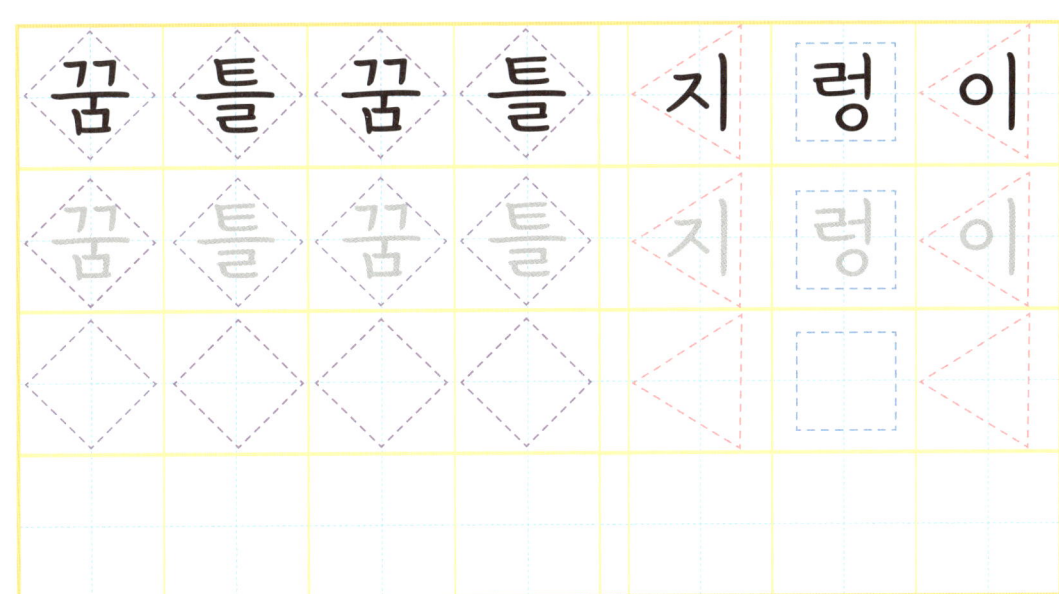

손톱에 봉숭아 물을 들입니다.

손톱에 봉숭아 물을 들입니다.

다른 그림을 다섯 군데 찾아봐요!

정답: 튜브, 수박, 토마토, 부채, 아이스크림

여름에 관련된 속담을 알아볼까요?

오뉴월 감기는

개도 아니 걸린다

'오뉴월'은 5월과 6월이라는 뜻으로 여름철을 이야기하는 말이에요. 여름에는 날씨가 덥지요. 위 속담은 우리 조상들이 더운 여름철 감기에 걸린 사람을 놀리듯 사용했던 말이에요. 동시에 더운 여름에도 건강 관리에 대한 중요성을 알려 주고 있지요.

30일 완성 11일차

가을 (1) 날씨와 행사

가을은 추수를 하고 우리 고유의 명절인 추석이 있는 계절이에요. 국경일이 많은 달이기도 하죠. 가을철 날씨와 생활 모습을 알아봐요.

자음과 모음을 찾아 낱말을 만들어 봐요.

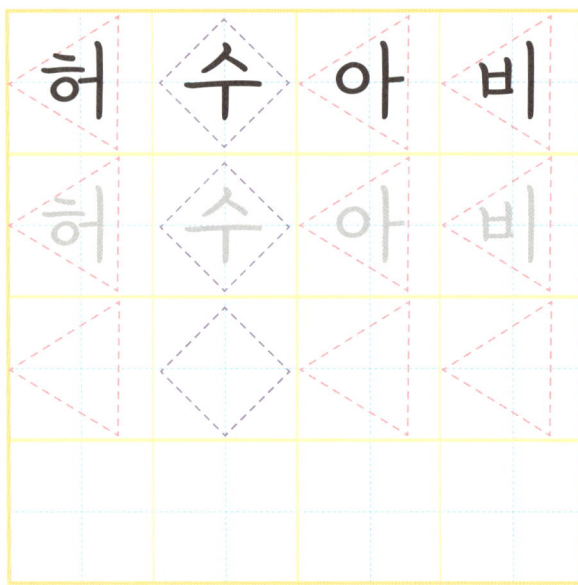

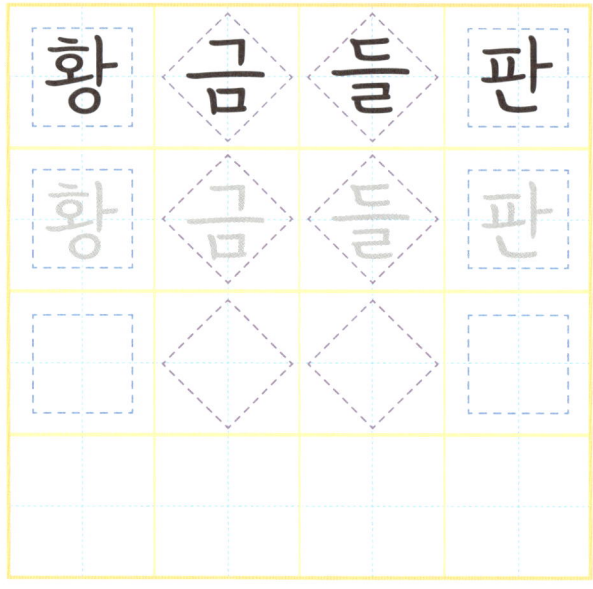

벼 베기 추 수 수 확

익은 곡식 등 농작물을 거두어 들이는 일

높고 파란 가을 하늘

은행잎 붉은 단풍잎

수증기가 물체 겉면에 작게 얼어 붙는 것

계절이 바뀌는 시기

서리 환절기 일교차

하루 중 가장 더울 때와 가장 추울 때의 온도 차이

낙엽 밟는 소리

울긋불긋 단풍 노을

세종대왕이 한글을 만들고 알린 것을 기념하는 날 (10월 9일)

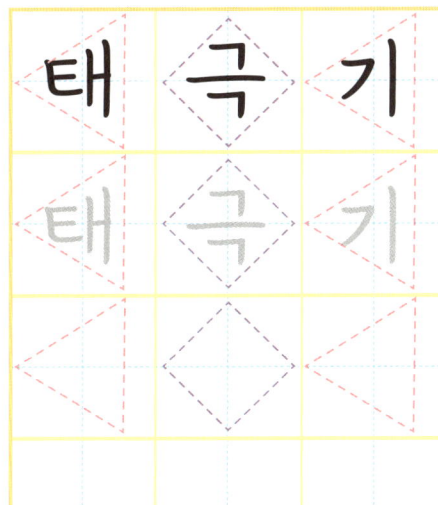

우리 민족의 시조

우리 민족의 시조 단군이 나라를 처음 세운 것을 기념하는 날 (10월 3일)

시원한 바람이 솔솔 불어옵니다.

시원한 바람이 솔솔 불어옵니다.

30일 완성 12일차

가을 (2) 동물과 식물

꽃과 풀 사이에 숨은 사마귀, 방아깨비, 메뚜기를 찾아봐요.

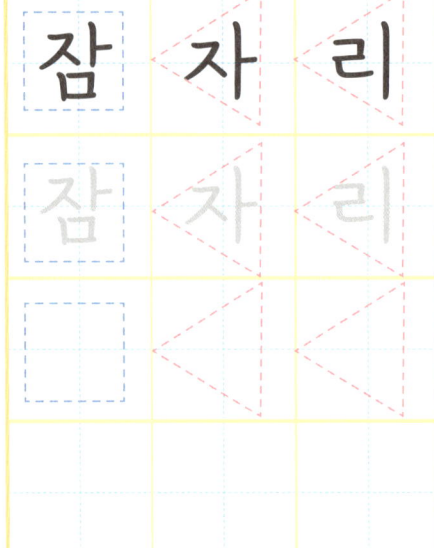
잠자리

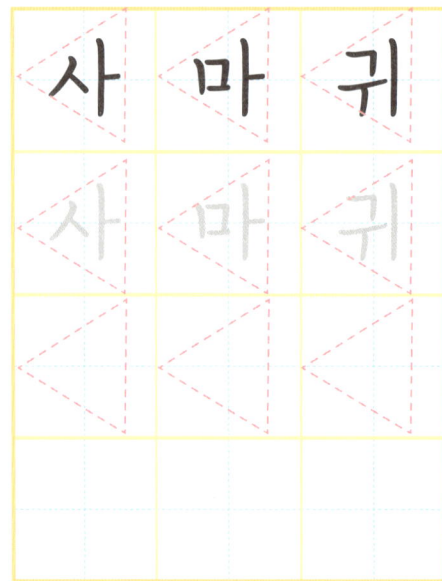
사마귀

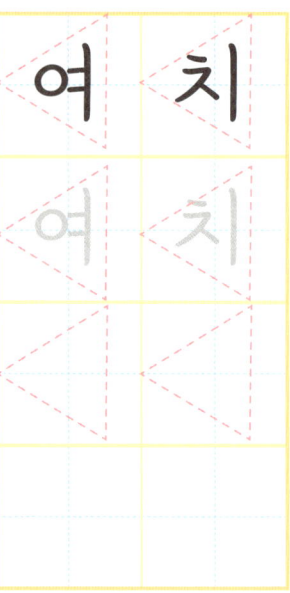
여치

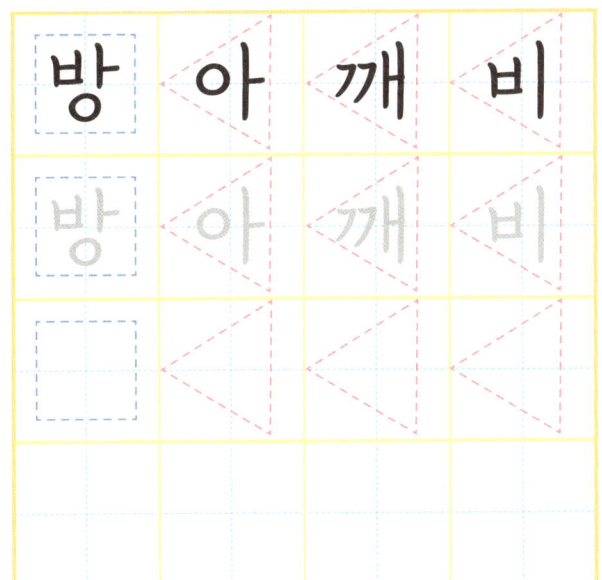
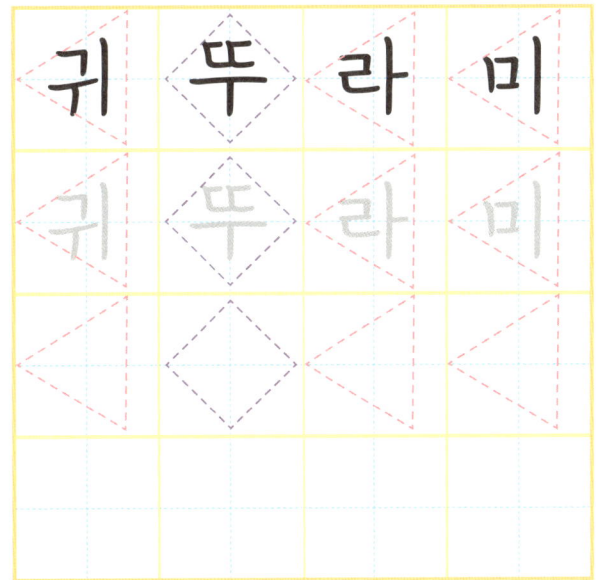
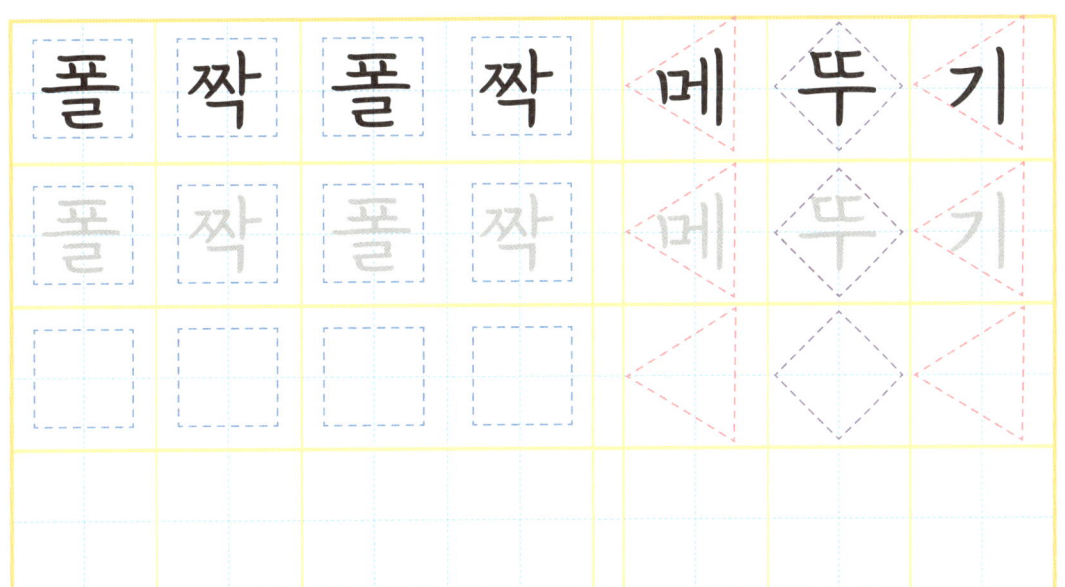
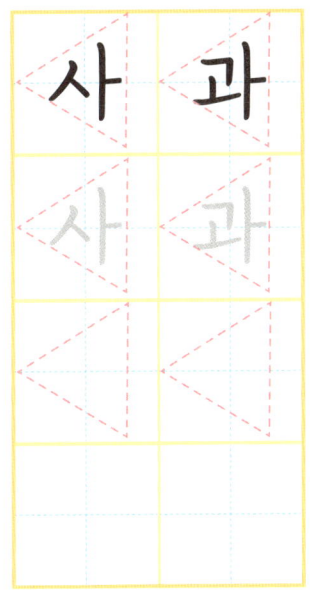
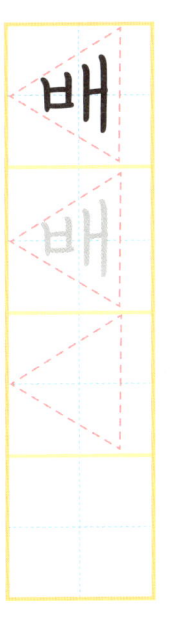
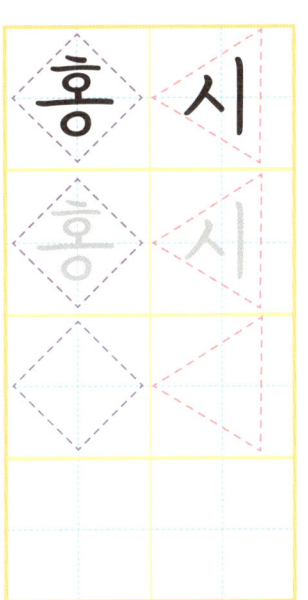

토실토실 알밤

떼굴떼굴 도토리

한들한들 코스모스

백일홍, 구절초, 국화는 모두 가을에 피는 꽃들이에요. 가을이 되면 주변에서 이 꽃들을 찾아볼까요?

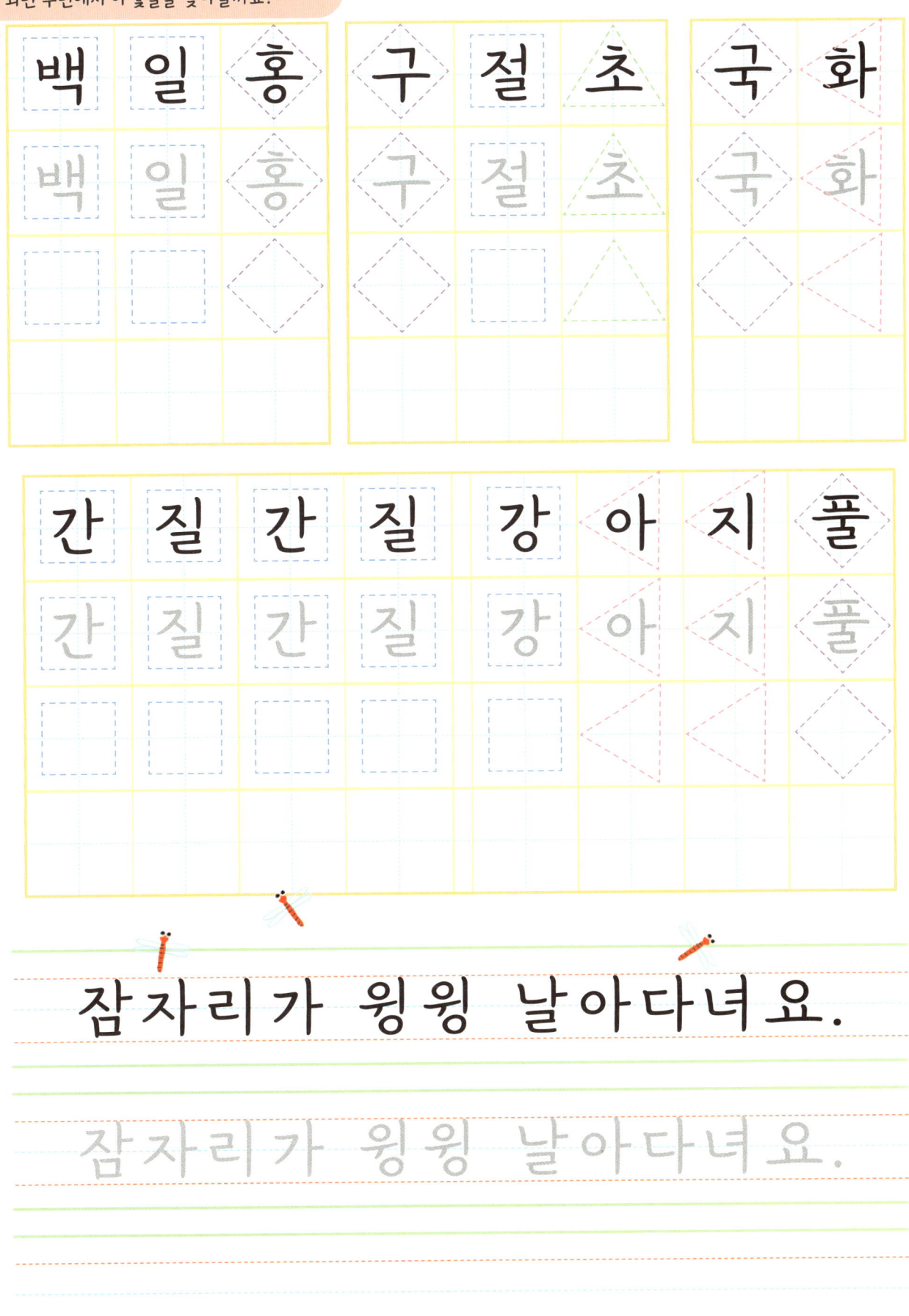

백일홍 구절초 국화

간질간질 강아지풀

잠자리가 윙윙 날아다녀요.

가을 (3) 추석

토끼와 방아, 절구통을 찾아봐요.

한	가	위	보	름	달	추	석
한	가	위	보	름	달	추	석

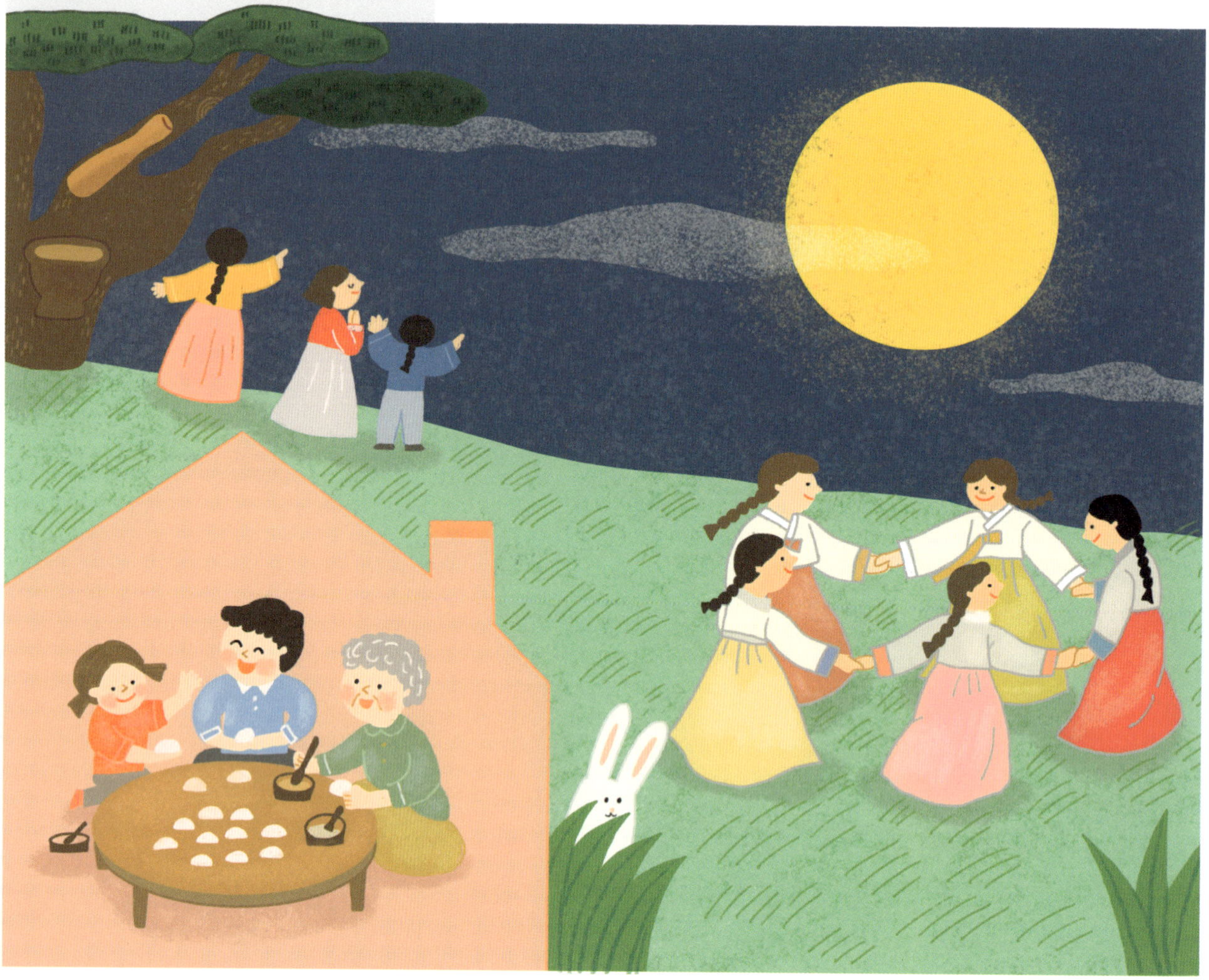

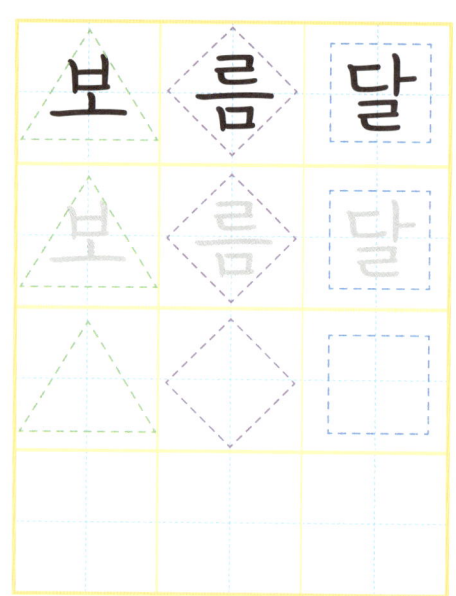

달이 뜨기를 기다려 맞이하는 일
소원을 빌기도 해요

| 달 | 맞 | 이 |
| 강 | 강 | 술 | 래 |

| 흥 | 겨 | 운 | 풍 | 물 | 놀 | 이 |

| 징 | 장 | 구 | 북 | 소 | 고 |

꽹과리 성묘 벌초

> 조상님의 묘를 돌보는 일

> 조상님의 묘에 난 풀을 베어 정리하는 일

차례 햅쌀 명태전

> 추석과 같은 명절에 지내는 제사

햇과일 삼색나물

| 토 | 란 | 국 | | 베 | 짜 | 기 |

| 토 | 란 | 국 | | 베 | 짜 | 기 |

| 줄 | 다 | 리 | 기 | | 씨 | 름 | | 샅 | 바 |

| 줄 | 다 | 리 | 기 | | 씨 | 름 | | 샅 | 바 |

조물조물 만든 송편, 내 입으로 쏙!

조물조물 만든 송편, 내 입으로 쏙!

점들을 이어서 나오는 그림의 이름을 써 봐요.

30일 완성 14일차

이어지는 낱말을 보고 생각 나는 것을 써 봐요.

반달
콩, 깨
추석
떡

가을
모자
다람쥐
묵

가을
파란하늘
빨강
꼬리

가을산
울긋불긋
손바닥

예시: 송편, 도토리, 꽃놀이하러, 단풍잎

전래 동요 「나무 노래」예요. 알맞은 나무 이름을 써 봐요.

가자가자 □□□

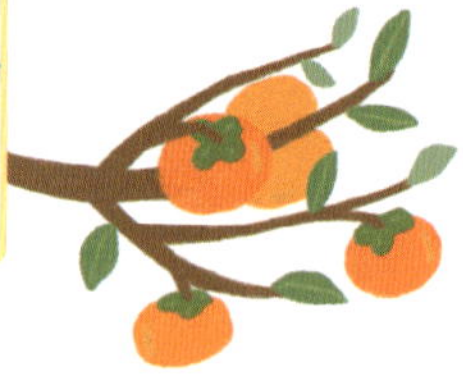

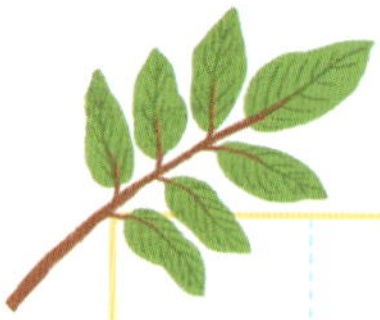

오자오자 □□□

열아홉 다음 □□□□

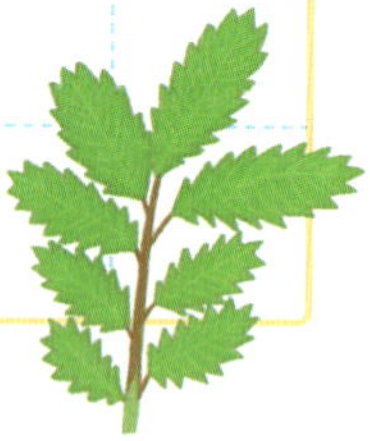

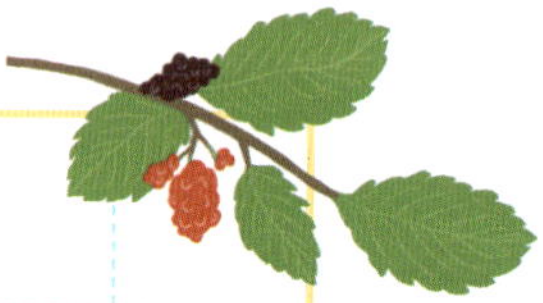

방귀 뽕뽕 □□□

낮에 봐도 □□□

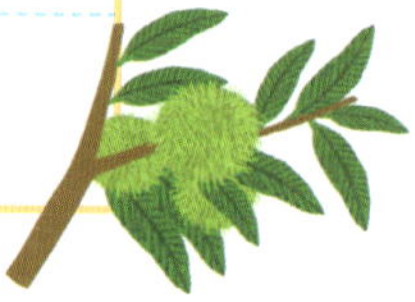

보기: 감나무　뽕나무　스무나무　옻나무　밤나무

정답: 감나무, 옻나무, 스무나무, 뽕나무, 밤나무(위에서부터)

따끔따끔				
다섯 동강				
덜덜 떠는				
바람 솔솔				
너랑 나랑				

보기: 살구나무 오동나무 사시나무 가시나무 소나무

겨울 (1) 동식물과 날씨

30일 완성 15일차

한 해를 마무리하는 겨울의 날씨, 풍경, 생활 모습과 설에 대해서 배워요. 추운 계절이라 감기도 걸리고 바깥 활동이 어렵지만 눈이 내려서 즐거워요. 겨울 모습을 낱말을 통해 만나 볼까요.

추워서 숨어 있는 다람쥐와 뱀을 찾아봐요.

고드름

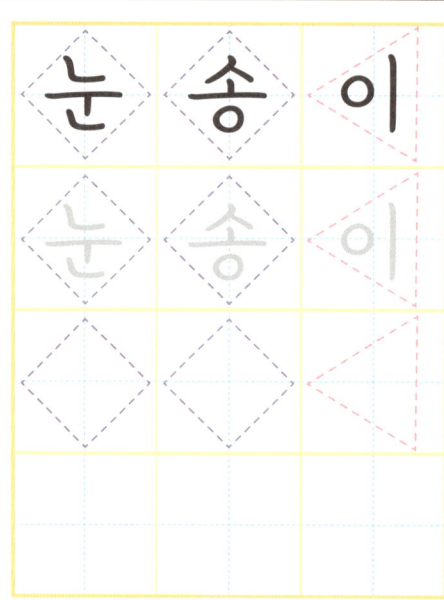

눈송이

추위

새 하얀 함박눈

갑자기 한꺼번에 많이 내리는 눈

눈꽃이 핀 겨울나무

미끄러운 빙판길

매서운 겨울바람 눈

눈사태 손이 시려워

겨울잠 개구리 서리

다람쥐 곰 고슴도치

철새 천둥오리 얼음

곰이 쿨쿨 겨울잠을 잔다.

겨울 (2) 음식과 행사

친구들에게 방패연과 가오리연을 그려 줘요.

새	해	설	날	떡	국	세	배
새	해	설	날	떡	국	세	배

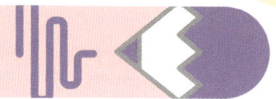

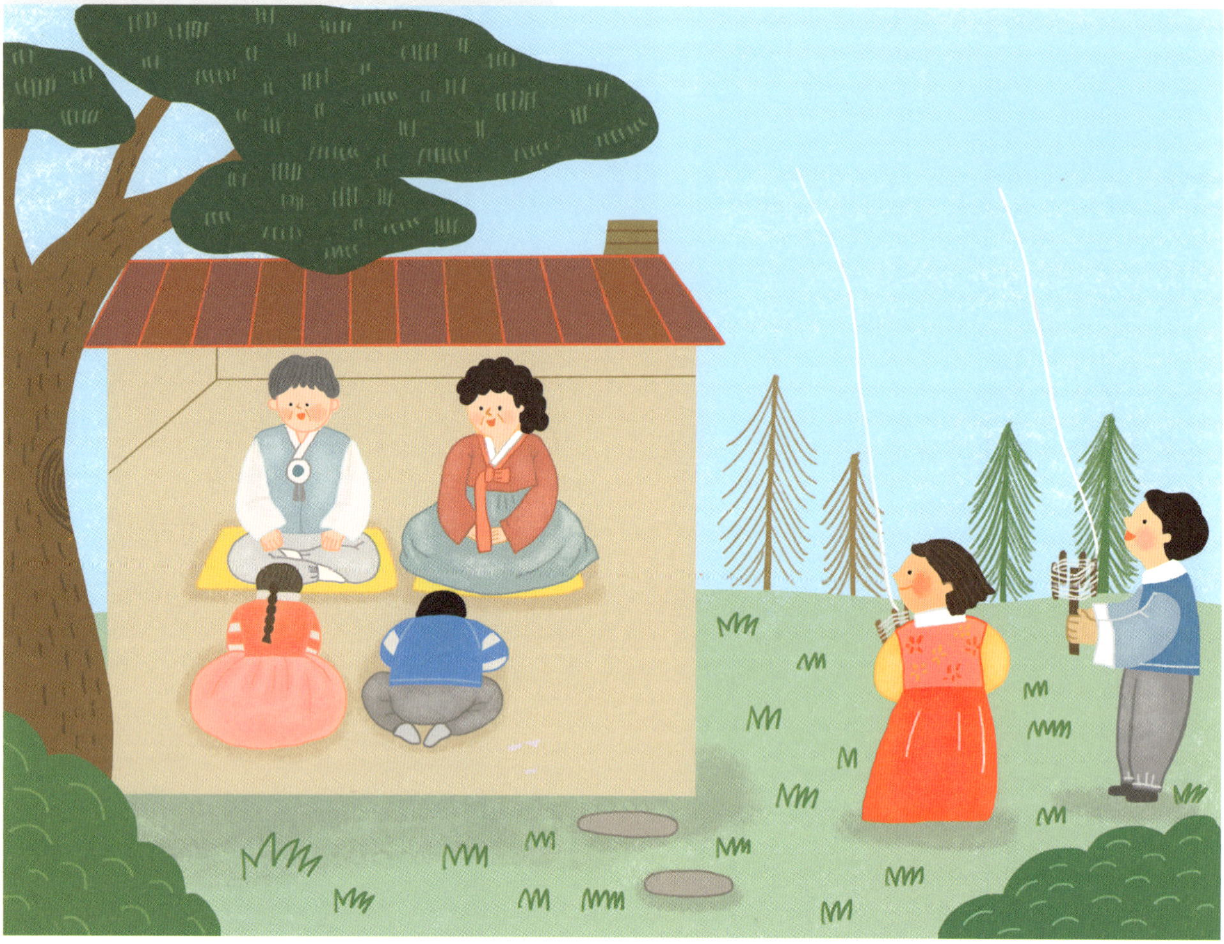

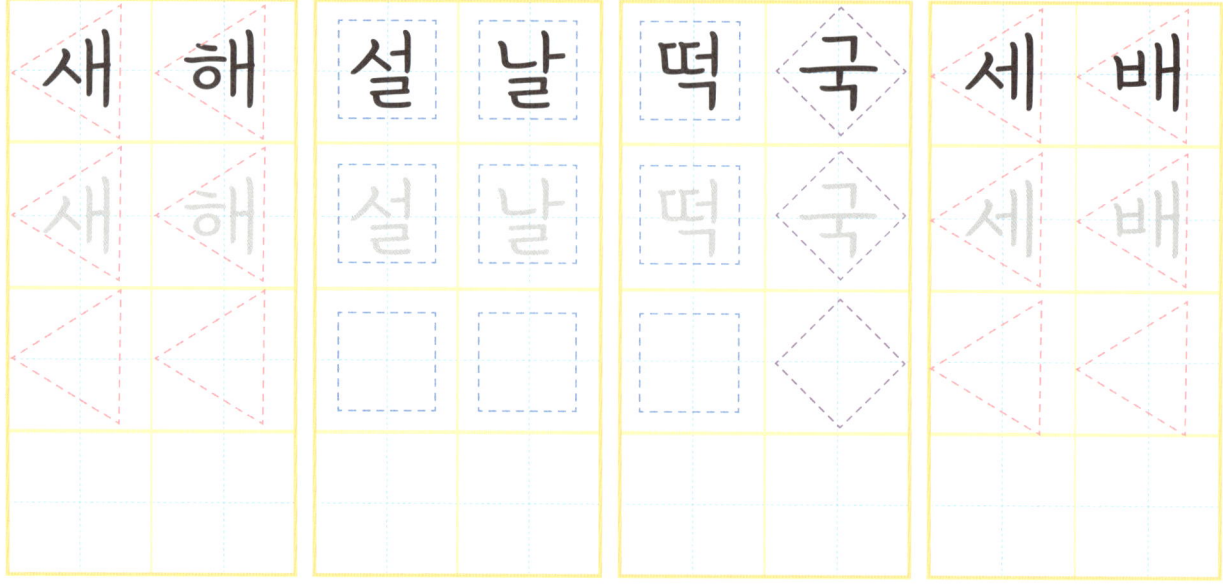

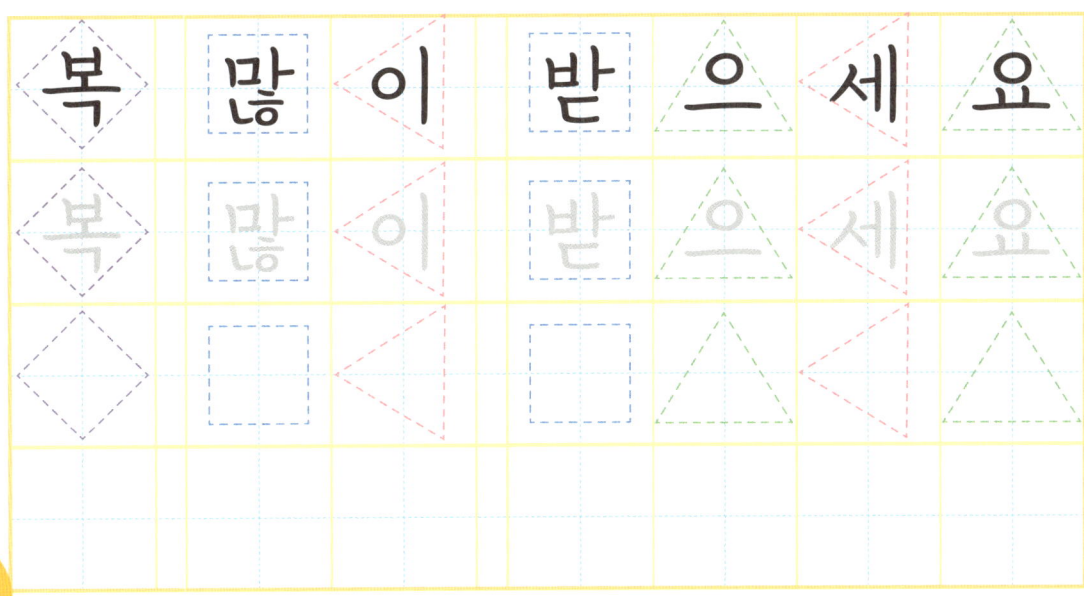

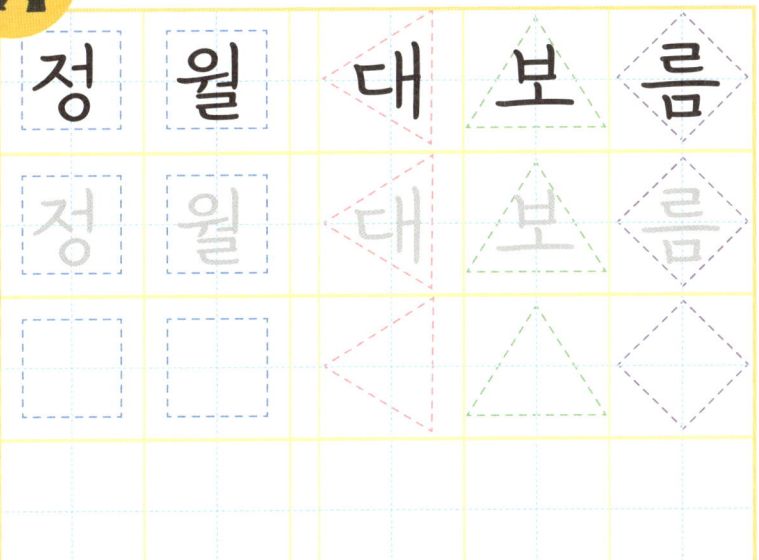 

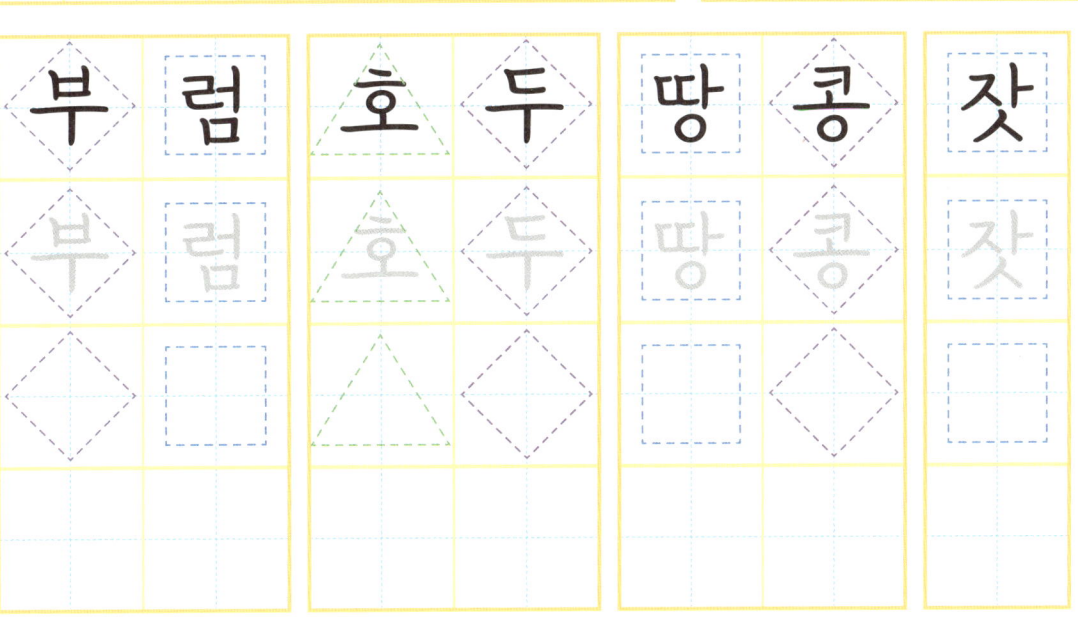

부럼 깨물기
정월대보름에 부럼을 깨물면 한 해 동안 피부에 부스럼이 생기지 않는대요

일년 중 밤의
길이가
가장 긴 날

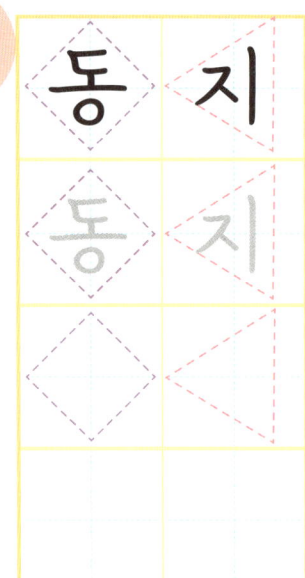

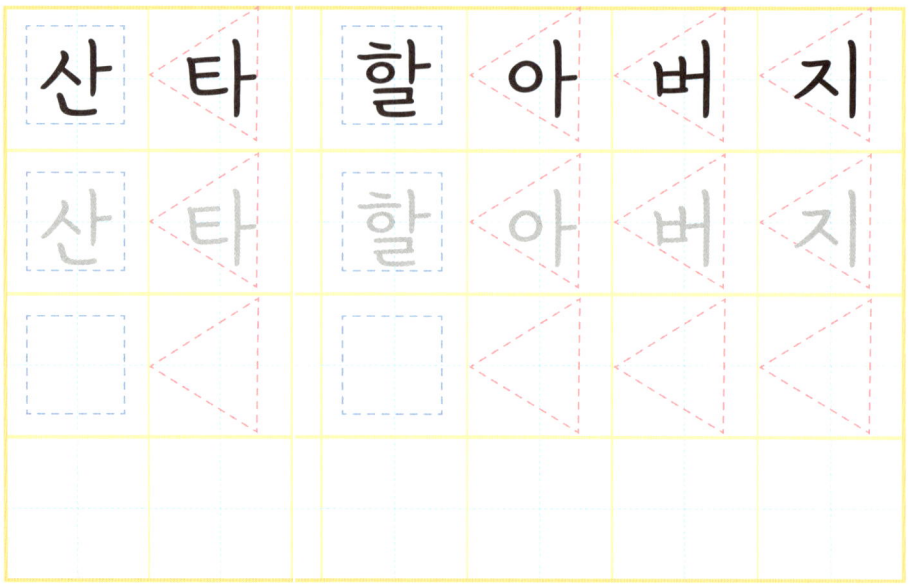

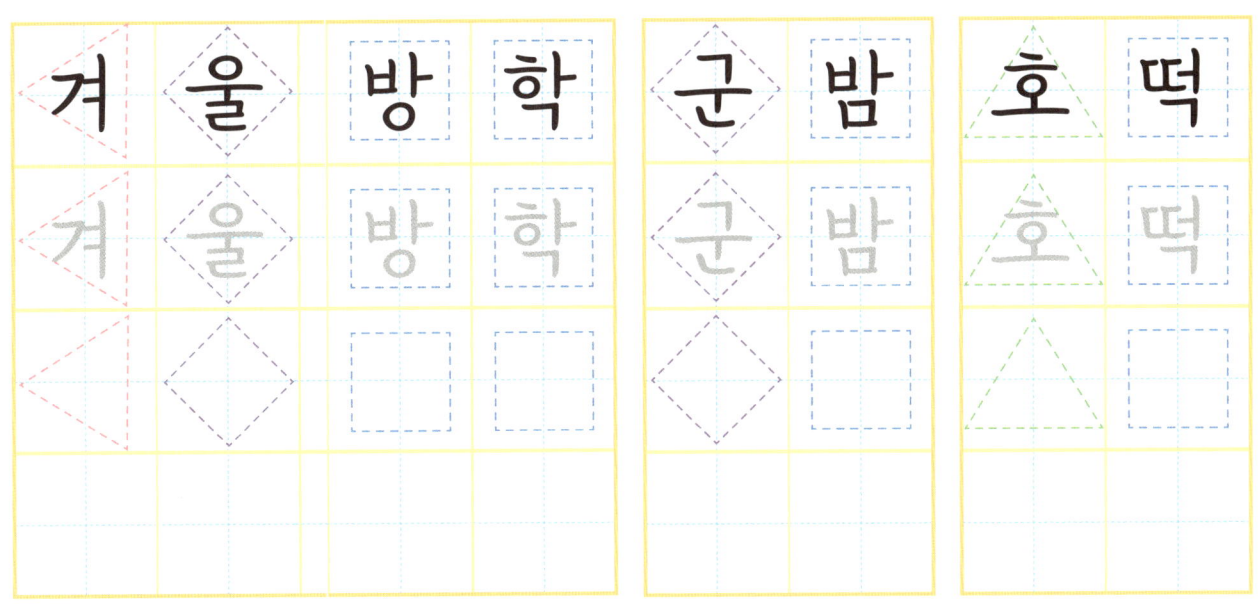

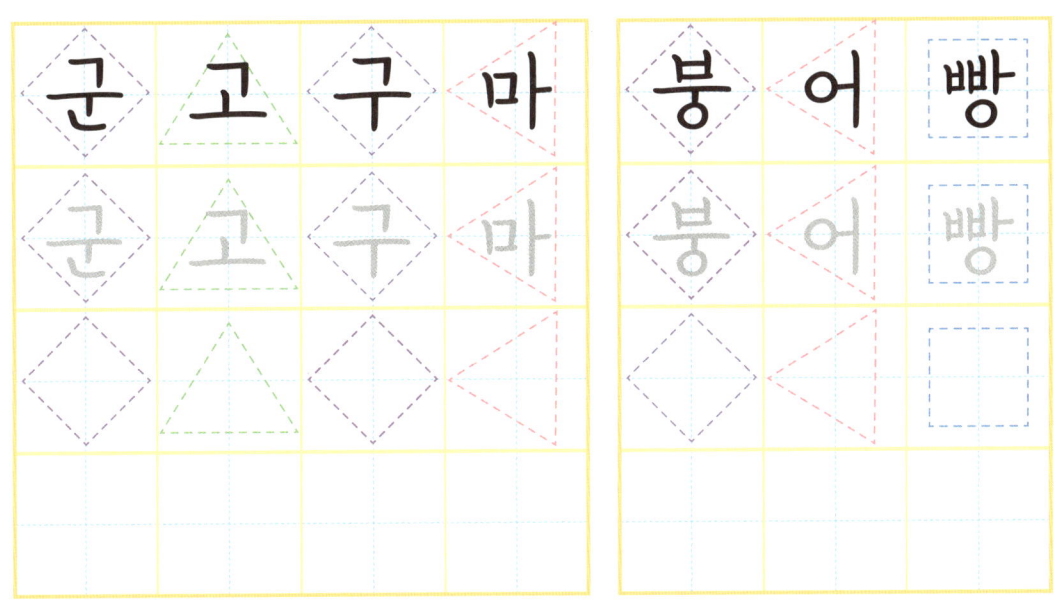

군고구마를 호호 불어 먹어요.

군고구마를 호호 불어 먹어요.

겨울 (3) 놀이와 도구

겨울에 어울리지 않는 여름 아이를 찾아봐요.

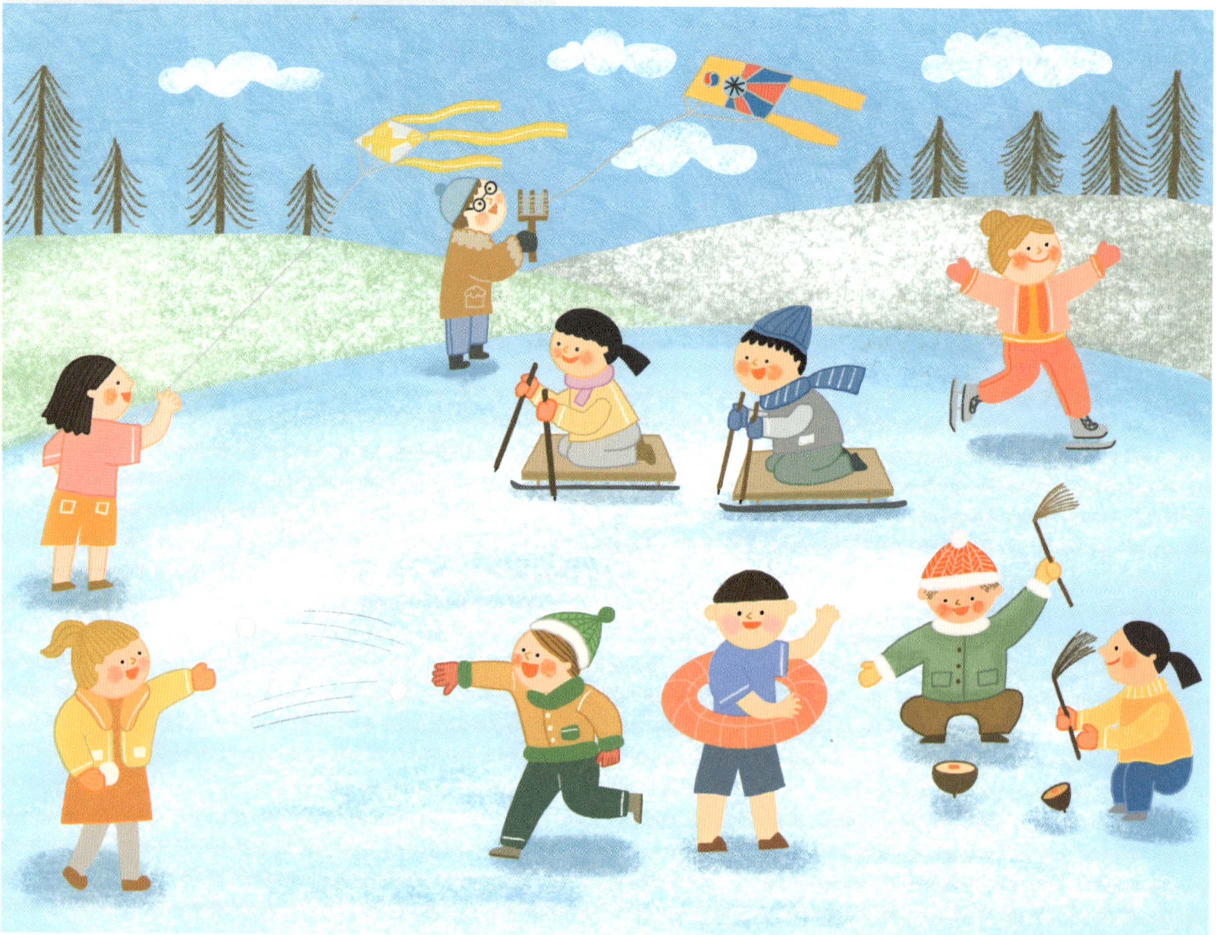

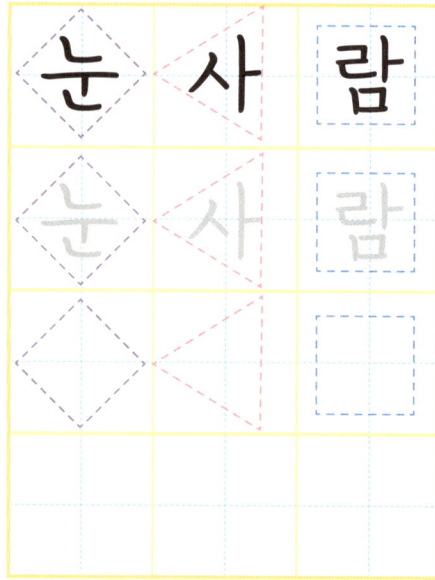
눈사람

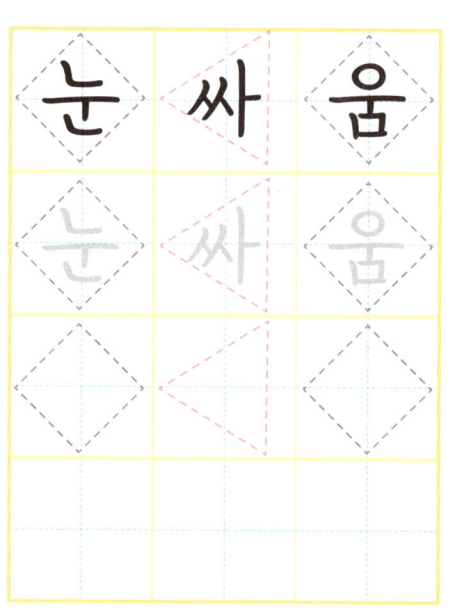
눈싸움

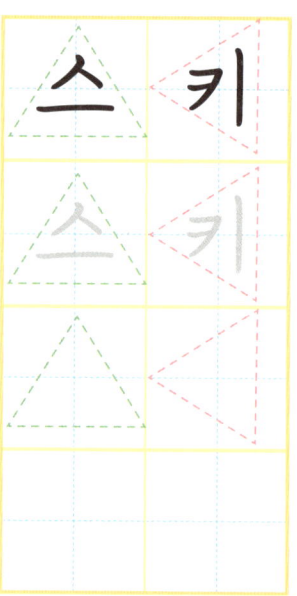
스키

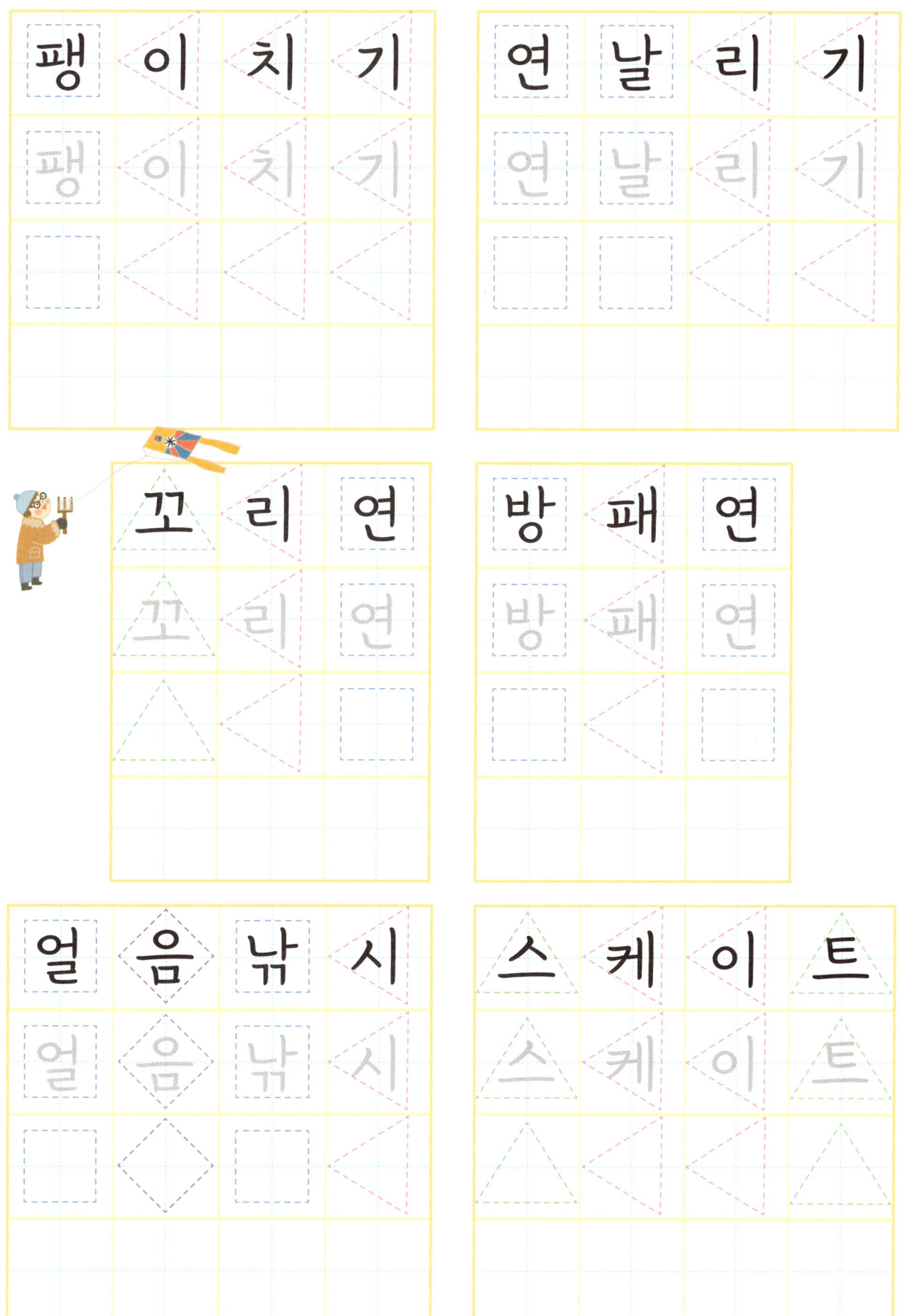

가습기 실내화 내복

콜록콜록 감기 독감

씽씽 눈썰매를 타니 즐겁다.

씽씽 눈썰매를 타니 즐겁다.

가로세로 낱말 퀴즈를 풀어 봐요!

가로 열쇠

1. 눈을 뭉쳐서 사람 모양으로 만든 것
2. 바람을 이용하여 연을 하늘 높이 띄우는 놀이
3. 겨울 추위를 막기 위해 털로 만들어 머리에 쓰는 것
4. 겨울 동안 먹기 위해 김치를 한꺼번에 많이 담그는 일
5. 프라이팬에 동그랗고 넓적하게 구워 먹는 겨울 간식
6. 고무로 만든 신발
7. 백설 공주가 독이 든 이 과일을 먹고 쓰러짐.
8. 추운 겨울, 얼어 있는 강이나 호수에 구멍을 뚫고 하는 낚시
9. 감을 말려 먹는 것, 전래동화 속 호랑이가 가장 무서워하는 음식

세로 열쇠

ㄱ. 나뭇가지 위에 꽃이 핀 것처럼 얹힌 눈
ㄴ. 초록색과 노랑색을 섞으면 만들어지는 색
ㄷ. 떡국을 먹고 세배를 드리는 날
ㄹ. 목이 긴 동물
ㅁ. 겨울 추위를 막기 위해 털로 만들어 양손에 끼는 것
ㅂ. 이 음식을 먹으면 나이를 한 살 더 먹음
ㅅ. 불에 구워 익힌 고구마
ㅇ. 조선 시대 유명한 화가, 오만 원권 지폐에 있음.
ㅈ. 팥죽은 동지에 먹었던 대표적인 겨울 ○○
ㅊ. 바늘처럼 뾰족하게 돋힌 것 예) 장미○○

정답은 138쪽에 있습니다.

앗, 글자가 사라졌어요! 알맞은 글자를 넣어 낱말을 완성해 봐요.

4장
다양한 글을 써 봐요

동시 따라 쓰기 1

이제 시를 한 편씩 써 볼까요. 다음은 초등학교 친구들이 직접 쓴 동시예요. 쓰기 전에 소리 내어 읽어 보고 한 글자씩 천천히 써요. 글씨는 칸 밖으로 나가지 않으면서 꽉 차게 쓰도록 해요.

공 부

3학년 박준서

수학 문제집을 한다

어려운 문제를 한다

"이거 같은데?"

	"	이	거		아	니	야	?	"	

어	려	운		문	제	를		한	다

친	구	랑		하	니	까			

보	통	으	로		어	렵	다		

 내가 쓴 글자 중에서 가장 마음에 드는 글씨 다섯 자에 동그라미를 그려요.

0.5초에 수업을 마치고	오늘 1초에 수업을 하고	1학년 김승아	집

5초 후에 태권도를 가고	1분 후 태권도를 마치고	집 가는 게	내가 늘 어해 선 다

🔖 내가 쓴 글자 중에서 가장 마음에 드는 글씨 다섯 자에 동그라미를 그려요.

상도네 할아버지

2학년 엄태인

상도네 할아버지는

인사를 하면

사탕이나 껌을 주신다

다리를 다치셨고

말도 제대로 못하지만

모두 좋아한다

내가 쓴 글자 중에서 가장 마음에 드는 글씨 다섯 자에 동그라미를 그려요.

태풍이 온다길래

4학년 박세현

태풍이 온다길래

물건을 줄로

꽁꽁 묶었다

태풍이 드디어 왔다

휘이잉~ 휘이잉~

나가 봤더니

내가 휘청거리다 못해

넘어질 거 같다

물건을 꽁꽁 묶기 전에

나부터 묶어야겠다

📎 내가 쓴 글자 중에서 가장 마음에 드는 글씨 다섯 자에 동그라미를 그려요.

동시 따라 쓰기 2

이제 칸 아닌 줄 위에 글씨를 써 봐요. 이번 시도 역시 초등학교 친구들의 작품이에요. 쓰기 전에 먼저 소리 내어 읽어 보고, 한 글자씩 천천히 써요. 글씨는 점선으로 된 두 줄 사이에 꽉 차도록 크게 써 봐요.

이수가 부러워

이수가 부러워

1학년 박가온

이수는 부럽다

이수는 울지 않고 씩씩하고 멋있다

이수는 책도 잘 읽어서 좋겠다

나는 울고 씩씩하지 않고

친구랑 싸우는 내가 싫다

난, 이수가 부러워

내가 쓴 글자 중에서 가장 마음에 드는 글씨 다섯 자에 동그라미를 그려요.

오재미

6학년 신아영

사방으로 콩주머니가

이리저리 왔다갔다 하네

으악! 악! 야호!

이런 소리가 왔다갔다 하네

오! 이렇게 재미있어서

이 놀이 이름이

오! 재미인 건가?

내가 쓴 글자 중에서 가장 마음에 드는 글씨 다섯 자에 동그라미를 그려요.

우리 아빠

1학년 문현주

우리 아빠는 회사를 다닙니다

늦을 땐 밤에 옵니다

그럼 아빠가 힘들 것 같습니다

아빠가 더 힘든 건

집밥을 먹고 싶은데

늦어서 못 먹어서

더 힘들 것 같습니다

내가 쓴 글자 중에서 가장 마음에 드는 글씨 다섯 자에 동그라미를 그려요.

숫자 바르게 쓰기

숫자 쓰기도 한글 쓰기와 다르지 않아요. 연필을 바르게 쥐고 글자가 쓰러지지 않도록 하며 비슷한 크기로 써요. 숫자 2, 3, 5를 쓸 때 둥근 부분은 충분히 둥글게 써요.

1	1	1	1	1
2	2	2	2	2
3	3	3	3	3
4	4	4	4	4
5	5	5	5	5

내가 쓴 글자 중에서 가장 마음에 드는 글씨 다섯 자에 동그라미를 그려요.

1 2 3 4 5 6 7 8 9

1 2 3 4 5 6 7 8 9

1 2 3 4 5 6 7 8 9

1 2 3 4 5 6 7 8 9

 내가 쓴 글자 중에서 가장 마음에 드는 글씨 다섯 자에 동그라미를 그려요.

알파벳 바르게 쓰기

알파벳 쓰기도 한글 쓰기와 다르지 않아요. 연필을 바르게 쥐고 글자가 쓰러지지 않도록 하며, 비슷한 크기로 씁니다. 무슨 글자인지 몰라도 괜찮아요. 모양을 보고 따라 써 봐요. 그런데 알파벳에는 대문자와 소문자라는 두 가지 글자가 있어요. 소문자는 아래로 내려가거나 위로 올라가는 글자가 있으니 글자 위치를 자세히 보고 써요.

A A A A A A

B B B B B B

C C C C C C

D D D D D D

E E E E E E

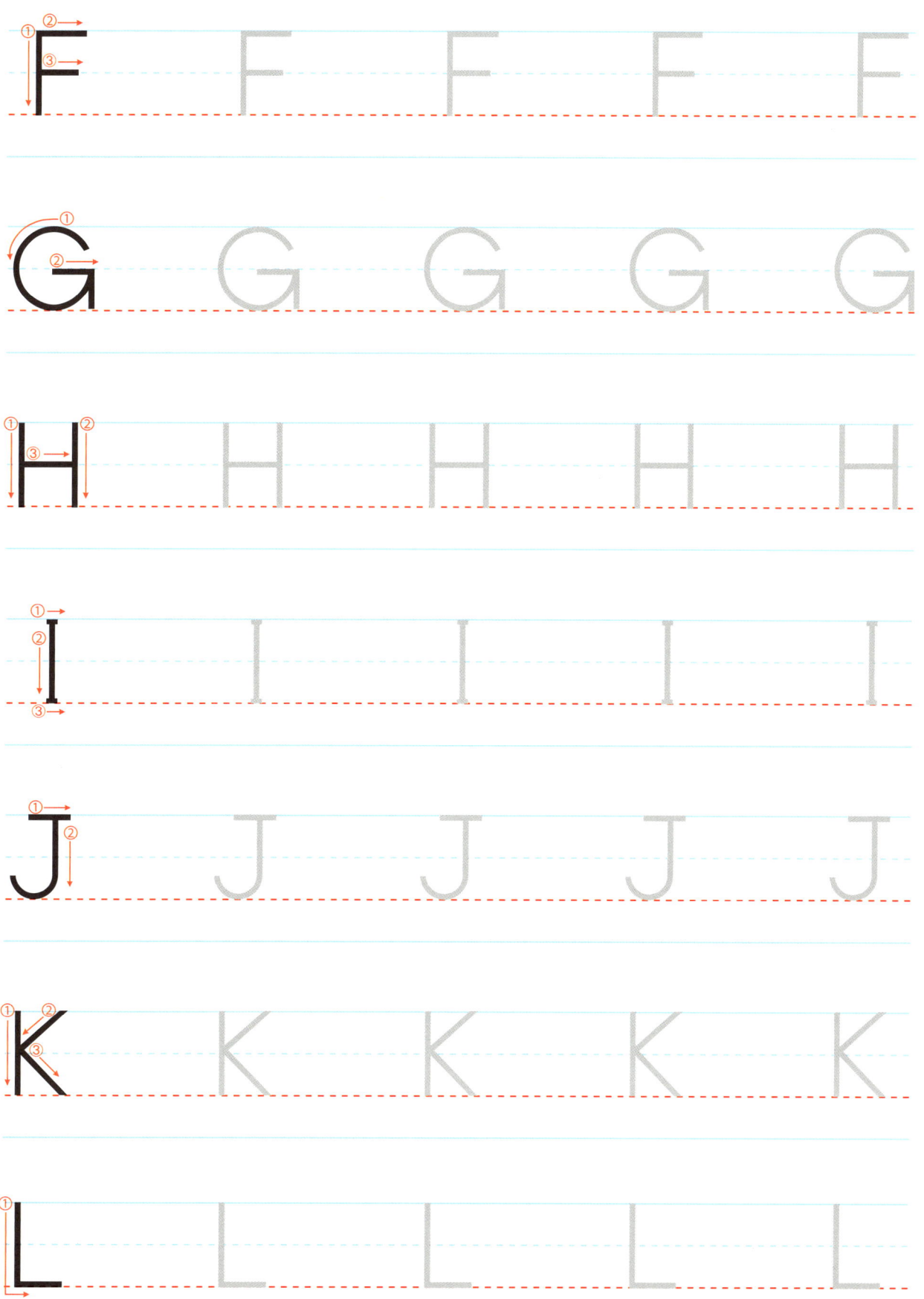

M M M M M

N N N N N

O O O O O

P P P P P

Q Q Q Q Q

R R R R R

S S S S S

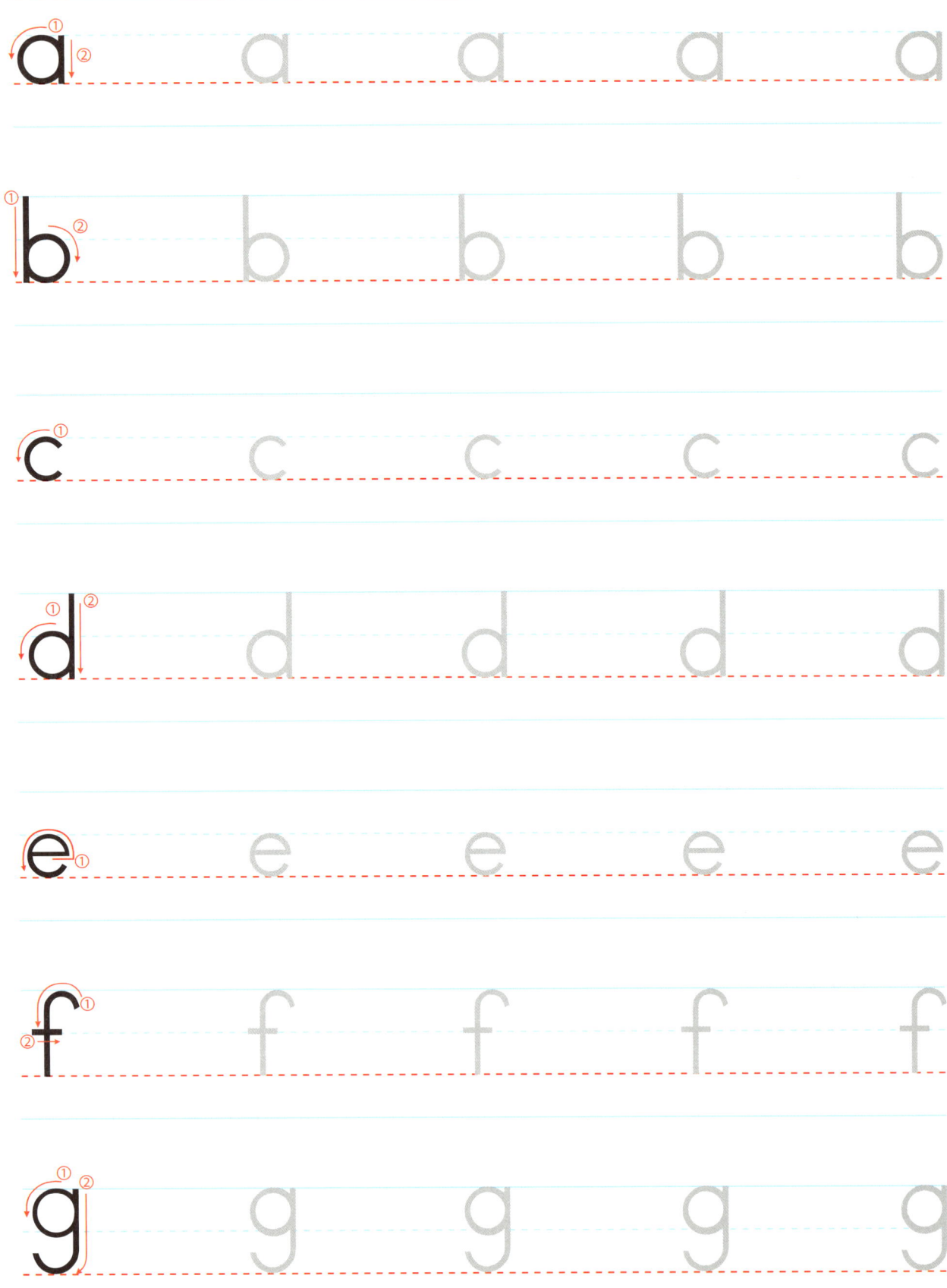

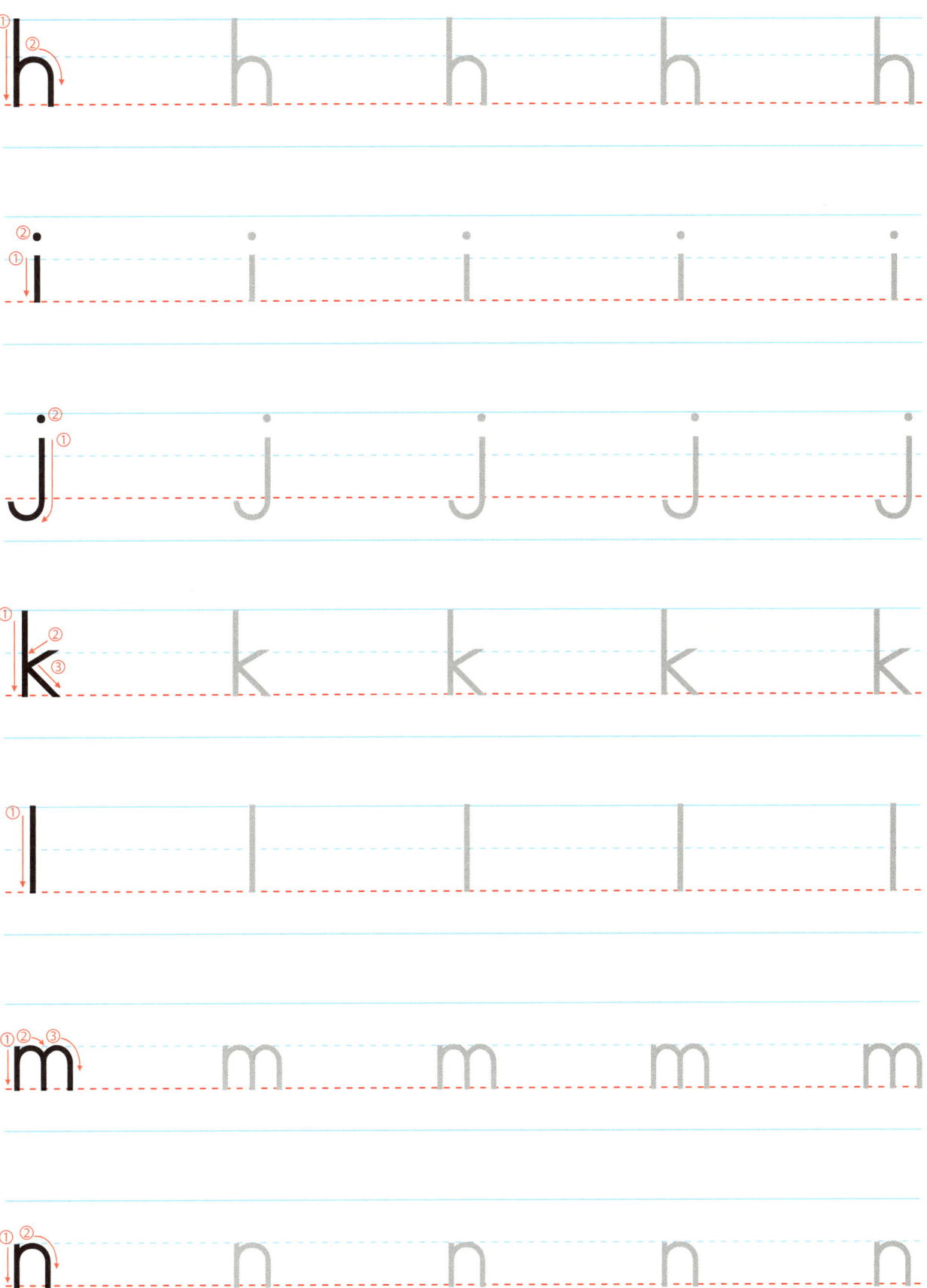

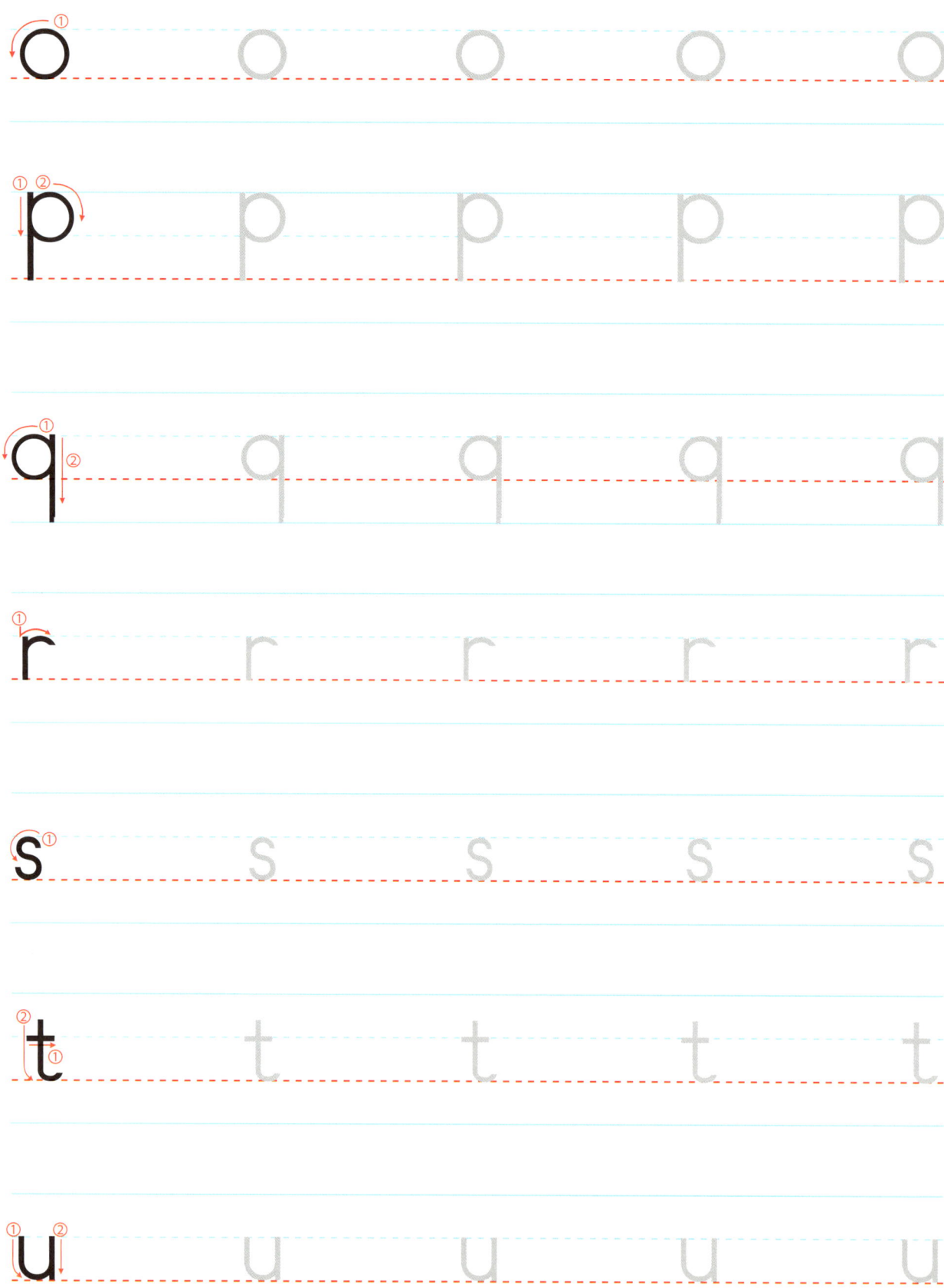

내가 쓴 글자 중에서 가장 마음에 드는 글씨 다섯 자에 동그라미를 그려요.

속담 바르게 쓰기

속담은 조상들의 지혜가 담긴 말이라고 할 수 있어요. 누가 만들었는지는 모르지만 옛날부터 전해 오는 쉽고 짧은 한 문장의 지혜로운 이야기예요. 바른 글씨 필살기를 기억하면서 한 글자 한 글자 천천히 써 봐요. 정성껏 쓰면서 속담에 담긴 지혜도 마음에 새겨 봐요.

- 🍎 하나! 글자가 쓰러지지 않게
- 🍎 둘! 모음을 길게
- 🍎 셋! 각을 살려서
- 🍎 넷! 크기를 비슷하게
- 🍎 다섯! 오르락내리락하지 않게

천리 길도 한 걸음부터
아무리 큰 일이라도 작은 일부터 시작하면 된다는 뜻

세 살 버릇 여든까지 간다
어릴 때 몸에 밴 습관은 고치기 힘드니 나쁜 버릇이 들지 않도록 조심하라는 뜻

자라 보고 놀란 가슴 솥뚜껑 보고 놀란다
어떤 일에 몹시 놀란 사람은 그와 비슷한 것만 보아도 겁이 난다는 뜻

가는 말이 고와야 오는 말이 곱다
내가 남에게 잘해야 남도 나에게 잘한다는 뜻

돌다리도 두들겨 보고 건너라
확실한 일이라도 다시 한번 확인하고 조심하라는 뜻

백지장도 맞들면 낫다
아무리 쉬운 일이라도 서로 도우면 더 쉽다는 뜻

티끌 모아 태산
아무리 작은 것도 조금씩 쌓이면 큰 덩어리가 되듯이 꾸준히 노력하면 큰 일을 이룰 수 있다는 뜻

고래 싸움에 새우 등 터진다
강한 사람들이 싸우는 사이에서 약한 사람이 억울하게 피해를 본다는 뜻

소 잃고 외양간 고친다
일이 잘못된 뒤에는 바로 잡으려고 해도 소용없다는 뜻

말 한마디로 천냥 빚을 갚는다
말에는 큰 힘이 있다는 뜻

등잔 밑이 어둡다
가까운 데 있는 일을 잘 모른다는 뜻

공든 탑이 무너지랴
정성을 다한 일은 헛되지 않다는 뜻

내가 쓴 글자 중에서 가장 마음에 드는 글씨 다섯 자에 동그라미를 그려요.

'여름에는 오이'를 다시 한번 써 봐요

이제 한 달 동안의 연습을 다 마쳤어요. 글씨가 얼마나 달라졌는지 처음에 썼던 시를 다시 한번 써 봐요. 한 글자 한 글자씩 천천히 써요.

여름에는 오이

2학년 정유수

오이를 보았다
오이 꽃은 노란색
오이는 초록색
오이꽃은
예쁜 오이가 될려고
생각하는데
길쭉길쭉 따끔따끔
못생긴 오이
오이는 다시
오이꽃이 되고 싶어 할까?

내가 쓴 글씨가 마음에 드나요? 한 달 전에 쓴 시와 비교해 봐요.

교과서와 공책에 내 이름을 바르게 써 봐요

교과서와 공책에 이름을 쓰는 일은 아주 중요해요. 책과 공책에 모두 내 이름을 바르게 쓸 수 있어야 해요. 이름을 쓸 때 네임펜을 사용하면 잘 보이고 지워지지 않아요. 네임펜으로 이름 쓰기를 연습해 봐요.

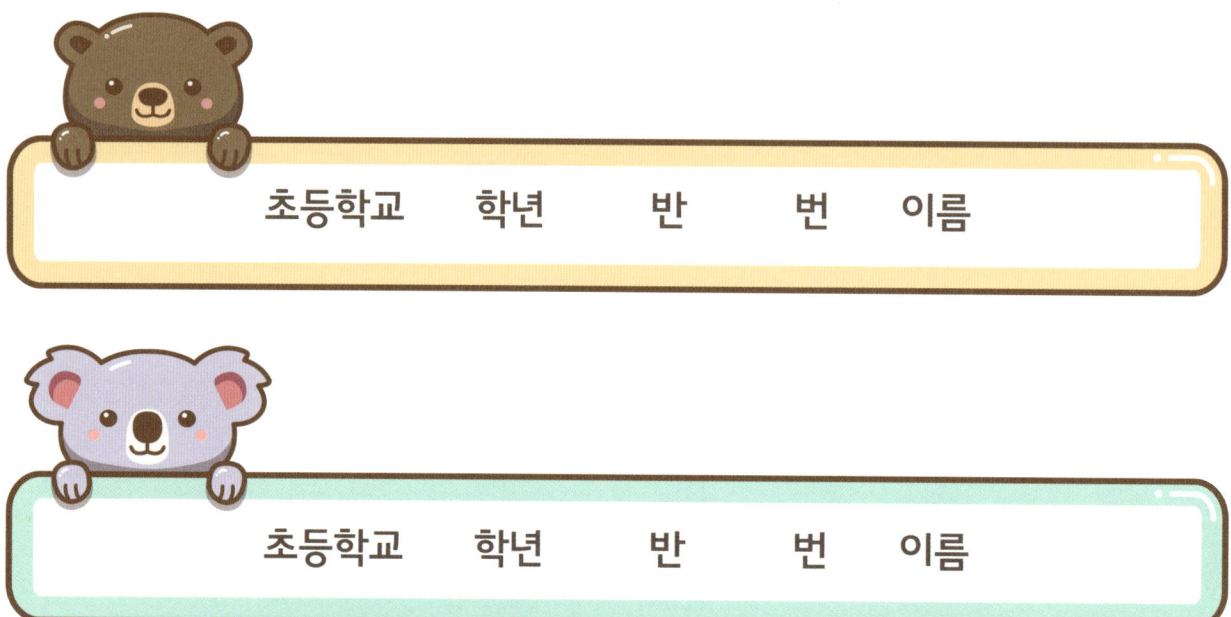

> 교과서와 똑같은 모양의 이름 쓰기 칸이에요.

| 초등학교 |
| 학년   반   번 |
| 이름 |

| 초등학교 |
| 학년   반   번 |
| 이름 |

| 초등학교   학년   반   번 |
| 이름 |

| 초등학교   학년   반   번 |
| 이름 |

| 초등학교   학년   반   번 |
| 이름 |

'30일에 완성하는 바른 글씨 쓰기'를 모두 마쳤습니다. 위에 쓴 글씨가 마음에 드나요? 30일 동안 수고했어요.

확인해 보세요

P 66

P 100

①㉠눈	사	람		③㉢털	모	자	
꽃			④김	장		⑤호	㉥떡
	㉡설			갑			국
②㉣연	날	리	㉤기		㉦군		
두			린		고	무	㉧신
색					구		⑦사	과
		㉨가			마		임
⑧얼	㉩음	낚	시				당
	식				⑨곳	감	

P 101

30일에 완성하는 바른 글씨 쓰기
글씨 쓰기 연습이 필요해

글 전국 초등 국어 교과 가평 모임(글보라)
그림 이소라

초판 1쇄 발행일 2022년 5월 25일 **초판 2쇄 발행일** 2023년 1월 20일
펴낸이 박봉서 **펴낸곳** (주)크레용하우스 **출판등록** 제1998-000024호
편집 임은경·이민정 **디자인** 박영정 **마케팅** 한승훈·신빛나라 **제작** 김금순
주소 서울 광진구 천호대로 709-9 **전화** (02)3436-1711 **팩스** (02)3436-1410
홈페이지 www.crayonhouse.co.kr **이메일** crayon@crayonhouse.co.kr

ⓒ 글보라, 2022
이 책에 실린 글과 그림은 무단 전재 및 무단 복제할 수 없습니다.
KC마크는 이 제품이 공통안전기준에 적합하였음을 의미합니다.

ISBN 978-89-5547-928-7 73800